ギンビス

たべっ子どうぶつ占いBOOK

監修/青木良文

FUTABASHA

CONTENTS

たべっ子どうぶつ占いBOOKに登場する
12のどうぶつたちを紹介するよ!!

※占いの結果とキャラクターの性格は一致いたしませんのでご了承ください。

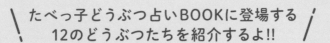

PART 1

自分のキャラクターを知ろう！

本質占い

次の 4 ～ 11 ページの表から生まれ年と誕生日をもとに、
自分のキャラクターを見つけましょう。
キャラクターが分かったら、当てはまるどうぶつの、
本質占いページを読んでみてください！

あなたはなんのどうぶつ？？

自分の生まれ年の表を見つけてください。誕生日が当てはまる期間の上に書いてあるのがあなたのキャラクターです。自分だけじゃなくて、相性が気になる相手のキャラクターも見つけられます！

1959

わに	ねこ	ひよこ	うさぎ	ぱんだ	かば
1/1	1/2～1/11	1/12～1/21	1/22～1/31	2/1～2/10	2/11～2/20
2/21～3/2	3/3～3/12	3/13～3/22	3/23～4/1	4/2～4/11	4/12～4/21
4/22～5/1	5/2～5/11	5/12～5/21	5/22～5/31	6/1～6/10	6/11～6/20
6/21～6/30	7/1～7/10	7/11～7/20	7/21～7/30	7/31～8/9	8/10～8/19
8/20～8/29	8/30～9/8	9/9～9/18	9/19～9/28	9/29～10/8	10/9～10/18
10/19～10/28	10/29～11/7	11/8～11/17	11/18～11/27	11/28～12/7	12/8～12/17
12/18～12/27	12/28～12/31				

1960

とら	さる	きりん	ひつじ	ぞう	らいおん
1/1～1/6	1/7～1/16	1/17～1/26	1/27～2/5	2/6～2/15	2/16～2/25
2/26～3/6	3/7～3/16	3/17～3/26	3/27～4/5	4/6～4/15	4/16～4/25
4/26～5/5	5/6～5/15	5/16～5/25	5/26～6/4	6/5～6/14	6/15～6/24
6/25～7/4	7/5～7/14	7/15～7/24	7/25～8/3	8/4～8/13	8/14～8/23
8/24～9/2	9/3～9/12	9/13～9/22	9/23～10/2	10/3～10/12	10/13～10/22
10/23～11/1	11/2～11/11	11/12～11/21	11/22～12/1	12/2～12/11	12/12～12/21
12/22～12/31					

1961

ひよこ	うさぎ	ぱんだ	かば	わに	ねこ
1/1～1/10	1/11～1/20	1/21～1/30	1/31～2/9	2/10～2/19	2/20～3/1
3/2～3/11	3/12～3/21	3/22～3/31	4/1～4/10	4/11～4/20	4/21～4/30
5/1～5/10	5/11～5/20	5/21～5/30	5/31～6/9	6/10～6/19	6/20～6/29
6/30～7/9	7/10～7/19	7/20～7/29	7/30～8/8	8/9～8/18	8/19～8/28
8/29～9/7	9/8～9/17	9/18～9/27	9/28～10/7	10/8～10/17	10/18～10/27
10/28～11/6	11/7～11/16	11/17～11/26	11/27～12/6	12/7～12/16	12/17～12/26
12/27～12/31					

1962

さる	きりん	ひつじ	ぞう	らいおん	とら
1/1～1/5	1/6～1/15	1/16～1/25	1/26～2/4	2/5～2/14	2/15～2/24
2/25～3/6	3/7～3/16	3/17～3/26	3/27～4/5	4/6～4/15	4/16～4/25
4/26～5/5	5/6～5/15	5/16～5/25	5/26～6/4	6/5～6/14	6/15～6/24
6/25～7/4	7/5～7/14	7/15～7/24	7/25～8/3	8/4～8/13	8/14～8/23
8/24～9/2	9/3～9/12	9/13～9/22	9/23～10/2	10/3～10/12	10/13～10/22
10/23～11/1	11/2～11/11	11/12～11/21	11/22～12/1	12/2～12/11	12/12～12/21
12/22～12/31					

1963

うさぎ	ぱんだ	かば	わに	ねこ	ひよこ
1/1～1/10	1/11～1/20	1/21～1/30	1/31～2/9	2/10～2/19	2/20～3/1
3/2～3/11	3/12～3/21	3/22～3/31	4/1～4/10	4/11～4/20	4/21～4/30
5/1～5/10	5/11～5/20	5/21～5/30	5/31～6/9	6/10～6/19	6/20～6/29
6/30～7/9	7/10～7/19	7/20～7/29	7/30～8/8	8/9～8/18	8/19～8/28
8/29～9/7	9/8～9/17	9/18～9/27	9/28～10/7	10/8～10/17	10/18～10/27
10/28～11/6	11/7～11/16	11/17～11/26	11/27～12/6	12/7～12/16	12/17～12/26
12/27～12/31					

1964

きりん	ひつじ	ぞう	らいおん	とら	さる
1/1～1/5	1/6～1/15	1/16～1/25	1/26～2/4	2/5～2/14	2/15～2/24
2/25～3/5	3/6～3/15	3/16～3/25	3/26～4/4	4/5～4/14	4/15～4/24
4/25～5/4	5/5～5/14	5/15～5/24	5/25～6/3	6/4～6/13	6/14～6/23
6/24～7/3	7/4～7/13	7/14～7/23	7/24～8/2	8/3～8/12	8/13～8/22
8/23～9/1	9/2～9/11	9/12～9/21	9/22～10/1	10/2～10/11	10/12～10/21
10/22～10/31	11/1～11/10	11/11～11/20	11/21～11/30	12/1～12/10	12/11～12/20
12/21～12/30	12/31				

1965

ぱんだ	かば	わに	ねこ	ひよこ	うさぎ
1/1～1/9	1/10～1/19	1/20～1/29	1/30～2/8	2/9～2/18	2/19～2/28
3/1～3/10	3/11～3/20	3/21～3/30	3/31～4/9	4/10～4/19	4/20～4/29
4/30～5/9	5/10～5/19	5/20～5/29	5/30～6/8	6/9～6/18	6/19～6/28
6/29～7/8	7/9～7/18	7/19～7/28	7/29～8/7	8/8～8/17	8/18～8/27
8/28～9/6	9/7～9/16	9/17～9/26	9/27～10/6	10/7～10/16	10/17～10/26
10/27～11/5	11/6～11/15	11/16～11/25	11/26～12/5	12/6～12/15	12/16～12/25
12/26～12/31					

1966

ひつじ	ぞう	らいおん	とら	さる	きりん
1/1～1/4	1/5～1/14	1/15～1/24	1/25～2/3	2/4～2/13	2/14～2/23
2/24～3/5	3/6～3/15	3/16～3/25	3/26～4/4	4/5～4/14	4/15～4/24
4/25～5/4	5/5～5/14	5/15～5/24	5/25～6/3	6/4～6/13	6/14～6/23
6/24～7/3	7/4～7/13	7/14～7/23	7/24～8/2	8/3～8/12	8/13～8/22
8/23～9/1	9/2～9/11	9/12～9/21	9/22～10/1	10/2～10/11	10/12～10/21
10/22～10/31	11/1～11/10	11/11～11/20	11/21～11/30	12/1～12/10	12/11～12/20
12/21～12/30	12/31				

1967

かば	わに	ねこ	ひよこ	うさぎ	ぱんだ
1/1～1/9	1/10～1/19	1/20～1/29	1/30～2/8	2/9～2/18	2/19～2/28
3/1～3/10	3/11～3/20	3/21～3/30	3/31～4/9	4/10～4/19	4/20～4/29
4/30～5/9	5/10～5/19	5/20～5/29	5/30～6/8	6/9～6/18	6/19～6/28
6/29～7/8	7/9～7/18	7/19～7/28	7/29～8/7	8/8～8/17	8/18～8/27
8/28～9/6	9/7～9/16	9/17～9/26	9/27～10/6	10/7～10/16	10/17～10/26
10/27～11/5	11/6～11/15	11/16～11/25	11/26～12/5	12/6～12/15	12/16～12/25
12/26～12/31					

1968

ぞう	らいおん	とら	さる	きりん	ひつじ
1/1～1/4	1/5～1/14	1/15～1/24	1/25～2/3	2/4～2/13	2/14～2/23
2/24～3/4	3/5～3/14	3/15～3/24	3/25～4/3	4/4～4/13	4/14～4/23
4/24～5/3	5/4～5/13	5/14～5/23	5/24～6/2	6/3～6/12	6/13～6/22
6/23～7/2	7/3～7/12	7/13～7/22	7/23～8/1	8/2～8/11	8/12～8/21
8/22～8/31	9/1～9/10	9/11～9/20	9/21～9/30	10/1～10/10	10/11～10/20
10/21～10/30	10/31～11/9	11/10～11/19	11/20～11/29	11/30～12/9	12/10～12/19
12/20～12/29	12/30～12/31				

1969

わに	ねこ	ひよこ	うさぎ	ぱんだ	かば
1/1～1/8	1/9～1/18	1/19～1/28	1/29～2/7	2/8～2/17	2/18～2/27
2/28～3/9	3/10～3/19	3/20～3/29	3/30～4/8	4/9～4/18	4/19～4/28
4/29～5/8	5/9～5/18	5/19～5/28	5/29～6/7	6/8～6/17	6/18～6/27
6/28～7/7	7/8～7/17	7/18～7/27	7/28～8/6	8/7～8/16	8/17～8/26
8/27～9/5	9/6～9/15	9/16～9/25	9/26～10/5	10/6～10/15	10/16～10/25
10/26～11/4	11/5～11/14	11/15～11/24	11/25～12/4	12/5～12/14	12/15～12/24
12/25～12/31					

1970

らいおん	とら	さる	きりん	ひつじ	ぞう
1/1～1/3	1/4～1/13	1/14～1/23	1/24～2/2	2/3～2/12	2/13～2/22
2/23～3/4	3/5～3/14	3/15～3/24	3/25～4/3	4/4～4/13	4/14～4/23
4/24～5/3	5/4～5/13	5/14～5/23	5/24～6/2	6/3～6/12	6/13～6/22
6/23～7/2	7/3～7/12	7/13～7/22	7/23～8/1	8/2～8/11	8/12～8/21
8/22～8/31	9/1～9/10	9/11～9/20	9/21～9/30	10/1～10/10	10/11～10/20
10/21～10/30	10/31～11/9	11/10～11/19	11/20～11/29	11/30～12/9	12/10～12/19
12/20～12/29	12/30～12/31				

1971

ねこ	ひよこ	うさぎ	ぱんだ	かば	わに
1/1～1/8	1/9～1/18	1/19～1/28	1/29～2/7	2/8～2/17	2/18～2/27
2/28～3/9	3/10～3/19	3/20～3/29	3/30～4/8	4/9～4/18	4/19～4/28
4/29～5/8	5/9～5/18	5/19～5/28	5/29～6/7	6/8～6/17	6/18～6/27
6/28～7/7	7/8～7/17	7/18～7/27	7/28～8/6	8/7～8/16	8/17～8/26
8/27～9/5	9/6～9/15	9/16～9/25	9/26～10/5	10/6～10/15	10/16～10/25
10/26～11/4	11/5～11/14	11/15～11/24	11/25～12/4	12/5～12/14	12/15～12/24
12/25～12/31					

1972

とら	さる	きりん	ひつじ	ぞう	らいおん
1/1～1/3	1/4～1/13	1/14～1/23	1/24～2/2	2/3～2/12	2/13～2/22
2/23～3/3	3/4～3/13	3/14～3/23	3/24～4/2	4/3～4/12	4/13～4/22
4/23～5/2	5/3～5/12	5/13～5/22	5/23～6/1	6/2～6/11	6/12～6/21
6/22～7/1	7/2～7/11	7/12～7/21	7/22～7/31	8/1～8/10	8/11～8/20
8/21～8/30	8/31～9/9	9/10～9/19	9/20～9/29	9/30～10/9	10/10～10/19
10/20～10/29	10/30～11/8	11/9～11/18	11/19～11/28	11/29～12/8	12/9～12/18
12/19～12/28	12/29～12/31				

1973

ひよこ	うさぎ	ぱんだ	かば	わに	ねこ
1/1～1/7	1/8～1/17	1/18～1/27	1/28～2/6	2/7～2/16	2/17～2/26
2/27～3/8	3/9～3/18	3/19～3/28	3/29～4/7	4/8～4/17	4/18～4/27
4/28～5/7	5/8～5/17	5/18～5/27	5/28～6/6	6/7～6/16	6/17～6/26
6/27～7/6	7/7～7/16	7/17～7/26	7/27～8/5	8/6～8/15	8/16～8/25
8/26～9/4	9/5～9/14	9/15～9/24	9/25～10/4	10/5～10/14	10/15～10/24
10/25～11/3	11/4～11/13	11/14～11/23	11/24～12/3	12/4～12/13	12/14～12/23
12/24～12/31					

1974

さる	きりん	ひつじ	ぞう	らいおん	とら
1/1～1/2	1/3～1/12	1/13～1/22	1/23～2/1	2/2～2/11	2/12～2/21
2/22～3/3	3/4～3/13	3/14～3/23	3/24～4/2	4/3～4/12	4/13～4/22
4/23～5/2	5/3～5/12	5/13～5/22	5/23～6/1	6/2～6/11	6/12～6/21
6/22～7/1	7/2～7/11	7/12～7/21	7/22～7/31	8/1～8/10	8/11～8/20
8/21～8/30	8/31～9/9	9/10～9/19	9/20～9/29	9/30～10/9	10/10～10/19
10/20～10/29	10/30～11/8	11/9～11/18	11/19～11/28	11/29～12/8	12/9～12/18
12/19～12/28	12/29～12/31				

1975

うさぎ	ぱんだ	かば	わに	ねこ	ひよこ
1/1～1/7	1/8～1/17	1/18～1/27	1/28～2/6	2/7～2/16	2/17～2/26
2/27～3/8	3/9～3/18	3/19～3/28	3/29～4/7	4/8～4/17	4/18～4/27
4/28～5/7	5/8～5/17	5/18～5/27	5/28～6/6	6/7～6/16	6/17～6/26
6/27～7/6	7/7～7/16	7/17～7/26	7/27～8/5	8/6～8/15	8/16～8/25
8/26～9/4	9/5～9/14	9/15～9/24	9/25～10/4	10/5～10/14	10/15～10/24
10/25～11/3	11/4～11/13	11/14～11/23	11/24～12/3	12/4～12/13	12/14～12/23
12/24～12/31					

1976

きりん	ひつじ	ぞう	らいおん	とら	さる
1/1～1/2	1/3～1/12	1/13～1/22	1/23～2/1	2/2～2/11	2/12～2/21
2/22～3/2	3/3～3/12	3/13～3/22	3/23～4/1	4/2～4/11	4/12～4/21
4/22～5/1	5/2～5/11	5/12～5/21	5/22～5/31	6/1～6/10	6/11～6/20
6/21～6/30	7/1～7/10	7/11～7/20	7/21～7/30	7/31～8/9	8/10～8/19
8/20～8/29	8/30～9/8	9/9～9/18	9/19～9/28	9/29～10/8	10/9～10/18
10/19～10/28	10/29～11/7	11/8～11/17	11/18～11/27	11/28～12/7	12/8～12/17
12/18～12/27	12/28～12/31				

1977

ぱんだ	かば	わに	ねこ	ひよこ	うさぎ
1/1～1/6	1/7～1/16	1/17～1/26	1/27～2/5	2/6～2/15	2/16～2/25
2/26～3/7	3/8～3/17	3/18～3/27	3/28～4/6	4/7～4/16	4/17～4/26
4/27～5/6	5/7～5/16	5/17～5/26	5/27～6/5	6/6～6/15	6/16～6/25
6/26～7/5	7/6～7/15	7/16～7/25	7/26～8/4	8/5～8/14	8/15～8/24
8/25～9/3	9/4～9/13	9/14～9/23	9/24～10/3	10/4～10/13	10/14～10/23
10/24～11/2	11/3～11/12	11/13～11/22	11/23～12/2	12/3～12/12	12/13～12/22
12/23～12/31					

1978

ひつじ	ぞう	らいおん	とら	さる	きりん
1/1	1/2～1/11	1/12～1/21	1/22～1/31	2/1～2/10	2/11～2/20
2/21～3/2	3/3～3/12	3/13～3/22	3/23～4/1	4/2～4/11	4/12～4/21
4/22～5/1	5/2～5/11	5/12～5/21	5/22～5/31	6/1～6/10	6/11～6/20
6/21～6/30	7/1～7/10	7/11～7/20	7/21～7/30	7/31～8/9	8/10～8/19
8/20～8/29	8/30～9/8	9/9～9/18	9/19～9/28	9/29～10/8	10/9～10/18
10/19～10/28	10/29～11/7	11/8～11/17	11/18～11/27	11/28～12/7	12/8～12/17
12/18～12/27	12/28～12/31				

1979

かば	わに	ねこ	ひよこ	うさぎ	ぱんだ
1/1〜1/6	1/7〜1/16	1/17〜1/26	1/27〜2/5	2/6〜2/15	2/16〜2/25
2/26〜3/7	3/8〜3/17	3/18〜3/27	3/28〜4/6	4/7〜4/16	4/17〜4/26
4/27〜5/6	5/7〜5/16	5/17〜5/26	5/27〜6/5	6/6〜6/15	6/16〜6/25
6/26〜7/5	7/6〜7/15	7/16〜7/25	7/26〜8/4	8/5〜8/14	8/15〜8/24
8/25〜9/3	9/4〜9/13	9/14〜9/23	9/24〜10/3	10/4〜10/13	10/14〜10/23
10/24〜11/2	11/3〜11/12	11/13〜11/22	11/23〜12/2	12/3〜12/12	12/13〜12/22
12/23〜12/31					

1980

ぞう	らいおん	とら	さる	きりん	ひつじ
1/1	1/2〜1/11	1/12〜1/21	1/22〜1/31	2/1〜2/10	2/11〜2/20
2/21〜3/1	3/2〜3/11	3/12〜3/21	3/22〜3/31	4/1〜4/10	4/11〜4/20
4/21〜4/30	5/1〜5/10	5/11〜5/20	5/21〜5/30	5/31〜6/9	6/10〜6/19
6/20〜6/29	6/30〜7/9	7/10〜7/19	7/20〜7/29	7/30〜8/8	8/9〜8/18
8/19〜8/28	8/29〜9/7	9/8〜9/17	9/18〜9/27	9/28〜10/7	10/8〜10/17
10/18〜10/27	10/28〜11/6	11/7〜11/16	11/17〜11/26	11/27〜12/6	12/7〜12/16
12/17〜12/26	12/27〜12/31				

1981

わに	ねこ	ひよこ	うさぎ	ぱんだ	かば
1/1〜1/5	1/6〜1/15	1/16〜1/25	1/26〜2/4	2/5〜2/14	2/15〜2/24
2/25〜3/6	3/7〜3/16	3/17〜3/26	3/27〜4/5	4/6〜4/15	4/16〜4/25
4/26〜5/5	5/6〜5/15	5/16〜5/25	5/26〜6/4	6/5〜6/14	6/15〜6/24
6/25〜7/4	7/5〜7/14	7/15〜7/24	7/25〜8/3	8/4〜8/13	8/14〜8/23
8/24〜9/2	9/3〜9/12	9/13〜9/22	9/23〜10/2	10/3〜10/12	10/13〜10/22
10/23〜11/1	11/2〜11/11	11/12〜11/21	11/22〜12/1	12/2〜12/11	12/12〜12/21
12/22〜12/31					

1982

とら	さる	きりん	ひつじ	ぞう	らいおん
1/1〜1/10	1/11〜1/20	1/21〜1/30	1/31〜2/9	2/10〜2/19	2/20〜3/1
3/2〜3/11	3/12〜3/21	3/22〜3/31	4/1〜4/10	4/11〜4/20	4/21〜4/30
5/1〜5/10	5/11〜5/20	5/21〜5/30	5/31〜6/9	6/10〜6/19	6/20〜6/29
6/30〜7/9	7/10〜7/19	7/20〜7/29	7/30〜8/8	8/9〜8/18	8/19〜8/28
8/29〜9/7	9/8〜9/17	9/18〜9/27	9/28〜10/7	10/8〜10/17	10/18〜10/27
10/28〜11/6	11/7〜11/16	11/17〜11/26	11/27〜12/6	12/7〜12/16	12/17〜12/26
12/27〜12/31					

1983

ねこ	ひよこ	うさぎ	ぱんだ	かば	わに
1/1〜1/5	1/6〜1/15	1/16〜1/25	1/26〜2/4	2/5〜2/14	2/15〜2/24
2/25〜3/6	3/7〜3/16	3/17〜3/26	3/27〜4/5	4/6〜4/15	4/16〜4/25
4/26〜5/5	5/6〜5/15	5/16〜5/25	5/26〜6/4	6/5〜6/14	6/15〜6/24
6/25〜7/4	7/5〜7/14	7/15〜7/24	7/25〜8/3	8/4〜8/13	8/14〜8/23
8/24〜9/2	9/3〜9/12	9/13〜9/22	9/23〜10/2	10/3〜10/12	10/13〜10/22
10/23〜11/1	11/2〜11/11	11/12〜11/21	11/22〜12/1	12/2〜12/11	12/12〜12/21
12/22〜12/31					

1984

さる	きりん	ひつじ	ぞう	らいおん	とら
1/1〜1/10	1/11〜1/20	1/21〜1/30	1/31〜2/9	2/10〜2/19	2/20〜2/29
3/1〜3/10	3/11〜3/20	3/21〜3/30	3/31〜4/9	4/10〜4/19	4/20〜4/29
4/30〜5/9	5/10〜5/19	5/20〜5/29	5/30〜6/8	6/9〜6/18	6/19〜6/28
6/29〜7/8	7/9〜7/18	7/19〜7/28	7/29〜8/7	8/8〜8/17	8/18〜8/27
8/28〜9/6	9/7〜9/16	9/17〜9/26	9/27〜10/6	10/7〜10/16	10/17〜10/26
10/27〜11/5	11/6〜11/15	11/16〜11/25	11/26〜12/5	12/6〜12/15	12/16〜12/25
12/26〜12/31					

1985

ひよこ	うさぎ	ぱんだ	かば	わに	ねこ
1/1〜1/4	1/5〜1/14	1/15〜1/24	1/25〜2/3	2/4〜2/13	2/14〜2/23
2/24〜3/5	3/6〜3/15	3/16〜3/25	3/26〜4/4	4/5〜4/14	4/15〜4/24
4/25〜5/4	5/5〜5/14	5/15〜5/24	5/25〜6/3	6/4〜6/13	6/14〜6/23
6/24〜7/3	7/4〜7/13	7/14〜7/23	7/24〜8/2	8/3〜8/12	8/13〜8/22
8/23〜9/1	9/2〜9/11	9/12〜9/21	9/22〜10/1	10/2〜10/11	10/12〜10/21
10/22〜10/31	11/1〜11/10	11/11〜11/20	11/21〜11/30	12/1〜12/10	12/11〜12/20
12/21〜12/30	12/31				

1986

きりん	ひつじ	ぞう	らいおん	とら	さる
1/1～1/9	1/10～1/19	1/20～1/29	1/30～2/8	2/9～2/18	2/19～2/28
3/1～3/10	3/11～3/20	3/21～3/30	3/31～4/9	4/10～4/19	4/20～4/29
4/30～5/9	5/10～5/19	5/20～5/29	5/30～6/8	6/9～6/18	6/19～6/28
6/29～7/8	7/9～7/18	7/19～7/28	7/29～8/7	8/8～8/17	8/18～8/27
8/28～9/6	9/7～9/16	9/17～9/26	9/27～10/6	10/7～10/16	10/17～10/26
10/27～11/5	11/6～11/15	11/16～11/25	11/26～12/5	12/6～12/15	12/16～12/25
12/26～12/31					

1987

うさぎ	ぱんだ	かば	わに	ねこ	ひよこ
1/1～1/4	1/5～1/14	1/15～1/24	1/25～2/3	2/4～2/13	2/14～2/23
2/24～3/5	3/6～3/15	3/16～3/25	3/26～4/4	4/5～4/14	4/15～4/24
4/25～5/4	5/5～5/14	5/15～5/24	5/25～6/3	6/4～6/13	6/14～6/23
6/24～7/3	7/4～7/13	7/14～7/23	7/24～8/2	8/3～8/12	8/13～8/22
8/23～9/1	9/2～9/11	9/12～9/21	9/22～10/1	10/2～10/11	10/12～10/21
10/22～10/31	11/1～11/10	11/11～11/20	11/21～11/30	12/1～12/10	12/11～12/20
12/21～12/30	12/31				

1988

ひつじ	ぞう	らいおん	とら	さる	きりん
1/1～1/9	1/10～1/19	1/20～1/29	1/30～2/8	2/9～2/18	2/19～2/28
2/29～3/9	3/10～3/19	3/20～3/29	3/30～4/8	4/9～4/18	4/19～4/28
4/29～5/8	5/9～5/18	5/19～5/28	5/29～6/7	6/8～6/17	6/18～6/27
6/28～7/7	7/8～7/17	7/18～7/27	7/28～8/6	8/7～8/16	8/17～8/26
8/27～9/5	9/6～9/15	9/16～9/25	9/26～10/5	10/6～10/15	10/16～10/25
10/26～11/4	11/5～11/14	11/15～11/24	11/25～12/4	12/5～12/14	12/15～12/24
12/25～12/31					

1989

ぱんだ	かば	わに	ねこ	ひよこ	うさぎ
1/1～1/3	1/4～1/13	1/14～1/23	1/24～2/2	2/3～2/12	2/13～2/22
2/23～3/4	3/5～3/14	3/15～3/24	3/25～4/3	4/4～4/13	4/14～4/23
4/24～5/3	5/4～5/13	5/14～5/23	5/24～6/2	6/3～6/12	6/13～6/22
6/23～7/2	7/3～7/12	7/13～7/22	7/23～8/1	8/2～8/11	8/12～8/21
8/22～8/31	9/1～9/10	9/11～9/20	9/21～9/30	10/1～10/10	10/11～10/20
10/21～10/30	10/31～11/9	11/10～11/19	11/20～11/29	11/30～12/9	12/10～12/19
12/20～12/29	12/30～12/31				

1990

ぞう	らいおん	とら	さる	きりん	ひつじ
1/1～1/8	1/9～1/18	1/19～1/28	1/29～2/7	2/8～2/17	2/18～2/27
2/28～3/9	3/10～3/19	3/20～3/29	3/30～4/8	4/9～4/18	4/19～4/28
4/29～5/8	5/9～5/18	5/19～5/28	5/29～6/7	6/8～6/17	6/18～6/27
6/28～7/7	7/8～7/17	7/18～7/27	7/28～8/6	8/7～8/16	8/17～8/26
8/27～9/5	9/6～9/15	9/16～9/25	9/26～10/5	10/6～10/15	10/16～10/25
10/26～11/4	11/5～11/14	11/15～11/24	11/25～12/4	12/5～12/14	12/15～12/24
12/25～12/31					

1991

かば	わに	ねこ	ひよこ	うさぎ	ぱんだ
1/1～1/3	1/4～1/13	1/14～1/23	1/24～2/2	2/3～2/12	2/13～2/22
2/23～3/4	3/5～3/14	3/15～3/24	3/25～4/3	4/4～4/13	4/14～4/23
4/24～5/3	5/4～5/13	5/14～5/23	5/24～6/2	6/3～6/12	6/13～6/22
6/23～7/2	7/3～7/12	7/13～7/22	7/23～8/1	8/2～8/11	8/12～8/21
8/22～8/31	9/1～9/10	9/11～9/20	9/21～9/30	10/1～10/10	10/11～10/20
10/21～10/30	10/31～11/9	11/10～11/19	11/20～11/29	11/30～12/9	12/10～12/19
12/20～12/29	12/30～12/31				

1992

らいおん	とら	さる	きりん	ひつじ	ぞう
1/1～1/8	1/9～1/18	1/19～1/28	1/29～2/7	2/8～2/17	2/18～2/27
2/28～3/8	3/9～3/18	3/19～3/28	3/29～4/7	4/8～4/17	4/18～4/27
4/28～5/7	5/8～5/17	5/18～5/27	5/28～6/6	6/7～6/16	6/17～6/26
6/27～7/6	7/7～7/16	7/17～7/26	7/27～8/5	8/6～8/15	8/16～8/25
8/26～9/4	9/5～9/14	9/15～9/24	9/25～10/4	10/5～10/14	10/15～10/24
10/25～11/3	11/4～11/13	11/14～11/23	11/24～12/3	12/4～12/13	12/14～12/23
12/24～12/31					

1993

わに	ねこ	ひよこ	うさぎ	ぱんだ	かば
1/1～1/2	1/3～1/12	1/13～1/22	1/23～2/1	2/2～2/11	2/12～2/21
2/22～3/3	3/4～3/13	3/14～3/23	3/24～4/2	4/3～4/12	4/13～4/22
4/23～5/2	5/3～5/12	5/13～5/22	5/23～6/1	6/2～6/11	6/12～6/21
6/22～7/1	7/2～7/11	7/12～7/21	7/22～7/31	8/1～8/10	8/11～8/20
8/21～8/30	8/31～9/9	9/10～9/19	9/20～9/29	9/30～10/9	10/10～10/19
10/20～10/29	10/30～11/8	11/9～11/18	11/19～11/28	11/29～12/8	12/9～12/18
12/19～12/28	12/29～12/31				

1994

とら	さる	きりん	ひつじ	ぞう	らいおん
1/1～1/7	1/8～1/17	1/18～1/27	1/28～2/6	2/7～2/16	2/17～2/26
2/27～3/8	3/9～3/18	3/19～3/28	3/29～4/7	4/8～4/17	4/18～4/27
4/28～5/7	5/8～5/17	5/18～5/27	5/28～6/6	6/7～6/16	6/17～6/26
6/27～7/6	7/7～7/16	7/17～7/26	7/27～8/5	8/6～8/15	8/16～8/25
8/26～9/4	9/5～9/14	9/15～9/24	9/25～10/4	10/5～10/14	10/15～10/24
10/25～11/3	11/4～11/13	11/14～11/23	11/24～12/3	12/4～12/13	12/14～12/23
12/24～12/31					

1995

ねこ	ひよこ	うさぎ	ぱんだ	かば	わに
1/1～1/2	1/3～1/12	1/13～1/22	1/23～2/1	2/2～2/11	2/12～2/21
2/22～3/3	3/4～3/13	3/14～3/23	3/24～4/2	4/3～4/12	4/13～4/22
4/23～5/2	5/3～5/12	5/13～5/22	5/23～6/1	6/2～6/11	6/12～6/21
6/22～7/1	7/2～7/11	7/12～7/21	7/22～7/31	8/1～8/10	8/11～8/20
8/21～8/30	8/31～9/9	9/10～9/19	9/20～9/29	9/30～10/9	10/10～10/19
10/20～10/29	10/30～11/8	11/9～11/18	11/19～11/28	11/29～12/8	12/9～12/18
12/19～12/28	12/29～12/31				

1996

さる	きりん	ひつじ	ぞう	らいおん	とら
1/1～1/7	1/8～1/17	1/18～1/27	1/28～2/6	2/7～2/16	2/17～2/26
2/27～3/7	3/8～3/17	3/18～3/27	3/28～4/6	4/7～4/16	4/17～4/26
4/27～5/6	5/7～5/16	5/17～5/26	5/27～6/5	6/6～6/15	6/16～6/25
6/26～7/5	7/6～7/15	7/16～7/25	7/26～8/4	8/5～8/14	8/15～8/24
8/25～9/3	9/4～9/13	9/14～9/23	9/24～10/3	10/4～10/13	10/14～10/23
10/24～11/2	11/3～11/12	11/13～11/22	11/23～12/2	12/3～12/12	12/13～12/22
12/23～12/31					

1997

ひよこ	うさぎ	ぱんだ	かば	わに	ねこ
1/1	1/2～1/11	1/12～1/21	1/22～1/31	2/1～2/10	2/11～2/20
2/21～3/2	3/3～3/12	3/13～3/22	3/23～4/1	4/2～4/11	4/12～4/21
4/22～5/1	5/2～5/11	5/12～5/21	5/22～5/31	6/1～6/10	6/11～6/20
6/21～6/30	7/1～7/10	7/11～7/20	7/21～7/30	7/31～8/9	8/10～8/19
8/20～8/29	8/30～9/8	9/9～9/18	9/19～9/28	9/29～10/8	10/9～10/18
10/19～10/28	10/29～11/7	11/8～11/17	11/18～11/27	11/28～12/7	12/8～12/17
12/18～12/27	12/28～12/31				

1998

きりん	ひつじ	ぞう	らいおん	とら	さる
1/1～1/6	1/7～1/16	1/17～1/26	1/27～2/5	2/6～2/15	2/16～2/25
2/26～3/7	3/8～3/17	3/18～3/27	3/28～4/6	4/7～4/16	4/17～4/26
4/27～5/6	5/7～5/16	5/17～5/26	5/27～6/5	6/6～6/15	6/16～6/25
6/26～7/5	7/6～7/15	7/16～7/25	7/26～8/4	8/5～8/14	8/15～8/24
8/25～9/3	9/4～9/13	9/14～9/23	9/24～10/3	10/4～10/13	10/14～10/23
10/24～11/2	11/3～11/12	11/13～11/22	11/23～12/2	12/3～12/12	12/13～12/22
12/23～12/31					

1999

うさぎ	ぱんだ	かば	わに	ねこ	ひよこ
1/1	1/2～1/11	1/12～1/21	1/22～1/31	2/1～2/10	2/11～2/20
2/21～3/2	3/3～3/12	3/13～3/22	3/23～4/1	4/2～4/11	4/12～4/21
4/22～5/1	5/2～5/11	5/12～5/21	5/22～5/31	6/1～6/10	6/11～6/20
6/21～6/30	7/1～7/10	7/11～7/20	7/21～7/30	7/31～8/9	8/10～8/19
8/20～8/29	8/30～9/8	9/9～9/18	9/19～9/28	9/29～10/8	10/9～10/18
10/19～10/28	10/29～11/7	11/8～11/17	11/18～11/27	11/28～12/7	12/8～12/17
12/18～12/27	12/28～12/31				

2000

ひつじ	ぞう	らいおん	とら	さる	きりん
1/1～1/6	1/7～1/16	1/17～1/26	1/27～2/5	2/6～2/15	2/16～2/25
2/26～3/6	3/7～3/16	3/17～3/26	3/27～4/5	4/6～4/15	4/16～4/25
4/26～5/5	5/6～5/15	5/16～5/25	5/26～6/4	6/5～6/14	6/15～6/24
6/25～7/4	7/5～7/14	7/15～7/24	7/25～8/3	8/4～8/13	8/14～8/23
8/24～9/2	9/3～9/12	9/13～9/22	9/23～10/2	10/3～10/12	10/13～10/22
10/23～11/1	11/2～11/11	11/12～11/21	11/22～12/1	12/2～12/11	12/12～12/21
12/22～12/31					

2001

かば	わに	ねこ	ひよこ	うさぎ	ぱんだ
1/1～1/10	1/11～1/20	1/21～1/30	1/31～2/9	2/10～2/19	2/20～3/1
3/2～3/11	3/12～3/21	3/22～3/31	4/1～4/10	4/11～4/20	4/21～4/30
5/1～5/10	5/11～5/20	5/21～5/30	5/31～6/9	6/10～6/19	6/20～6/29
6/30～7/9	7/10～7/19	7/20～7/29	7/30～8/8	8/9～8/18	8/19～8/28
8/29～9/7	9/8～9/17	9/18～9/27	9/28～10/7	10/8～10/17	10/18～10/27
10/28～11/6	11/7～11/16	11/17～11/26	11/27～12/6	12/7～12/16	12/17～12/26
12/27～12/31					

2002

ぞう	らいおん	とら	さる	きりん	ひつじ
1/1～1/5	1/6～1/15	1/16～1/25	1/26～2/4	2/5～2/14	2/15～2/24
2/25～3/6	3/7～3/16	3/17～3/26	3/27～4/5	4/6～4/15	4/16～4/25
4/26～5/5	5/6～5/15	5/16～5/25	5/26～6/4	6/5～6/14	6/15～6/24
6/25～7/4	7/5～7/14	7/15～7/24	7/25～8/3	8/4～8/13	8/14～8/23
8/24～9/2	9/3～9/12	9/13～9/22	9/23～10/2	10/3～10/12	10/13～10/22
10/23～11/1	11/2～11/11	11/12～11/21	11/22～12/1	12/2～12/11	12/12～12/21
12/22～12/31					

2003

わに	ねこ	ひよこ	うさぎ	ぱんだ	かば
1/1～1/10	1/11～1/20	1/21～1/30	1/31～2/9	2/10～2/19	2/20～3/1
3/2～3/11	3/12～3/21	3/22～3/31	4/1～4/10	4/11～4/20	4/21～4/30
5/1～5/10	5/11～5/20	5/21～5/30	5/31～6/9	6/10～6/19	6/20～6/29
6/30～7/9	7/10～7/19	7/20～7/29	7/30～8/8	8/9～8/18	8/19～8/28
8/29～9/7	9/8～9/17	9/18～9/27	9/28～10/7	10/8～10/17	10/18～10/27
10/28～11/6	11/7～11/16	11/17～11/26	11/27～12/6	12/7～12/16	12/17～12/26
12/27～12/31					

2004

らいおん	とら	さる	きりん	ひつじ	ぞう
1/1～1/5	1/6～1/15	1/16～1/25	1/26～2/4	2/5～2/14	2/15～2/24
2/25～3/5	3/6～3/15	3/16～3/25	3/26～4/4	4/5～4/14	4/15～4/24
4/25～5/4	5/5～5/14	5/15～5/24	5/25～6/3	6/4～6/13	6/14～6/23
6/24～7/3	7/4～7/13	7/14～7/23	7/24～8/2	8/3～8/12	8/13～8/22
8/23～9/1	9/2～9/11	9/12～9/21	9/22～10/1	10/2～10/11	10/12～10/21
10/22～10/31	11/1～11/10	11/11～11/20	11/21～11/30	12/1～12/10	12/11～12/20
12/21～12/30	12/31				

2005

ねこ	ひよこ	うさぎ	ぱんだ	かば	わに
1/1～1/9	1/10～1/19	1/20～1/29	1/30～2/8	2/9～2/18	2/19～2/28
3/1～3/10	3/11～3/20	3/21～3/30	3/31～4/9	4/10～4/19	4/20～4/29
4/30～5/9	5/10～5/19	5/20～5/29	5/30～6/8	6/9～6/18	6/19～6/28
6/29～7/8	7/9～7/18	7/19～7/28	7/29～8/7	8/8～8/17	8/18～8/27
8/28～9/6	9/7～9/16	9/17～9/26	9/27～10/6	10/7～10/16	10/17～10/26
10/27～11/5	11/6～11/15	11/16～11/25	11/26～12/5	12/6～12/15	12/16～12/25
12/26～12/31					

2006

とら	さる	きりん	ひつじ	ぞう	らいおん
1/1～1/4	1/5～1/14	1/15～1/24	1/25～2/3	2/4～2/13	2/14～2/23
2/24～3/5	3/6～3/15	3/16～3/25	3/26～4/4	4/5～4/14	4/15～4/24
4/25～5/4	5/5～5/14	5/15～5/24	5/25～6/3	6/4～6/13	6/14～6/23
6/24～7/3	7/4～7/13	7/14～7/23	7/24～8/2	8/3～8/12	8/13～8/22
8/23～9/1	9/2～9/11	9/12～9/21	9/22～10/1	10/2～10/11	10/12～10/21
10/22～10/31	11/1～11/10	11/11～11/20	11/21～11/30	12/1～12/10	12/11～12/20
12/21～12/30	12/31				

2007

ひよこ	うさぎ	ぱんだ	かば	わに	ねこ
1/1～1/9	1/10～1/19	1/20～1/29	1/30～2/8	2/9～2/18	2/19～2/28
3/1～3/10	3/11～3/20	3/21～3/30	3/31～4/9	4/10～4/19	4/20～4/29
4/30～5/9	5/10～5/19	5/20～5/29	5/30～6/8	6/9～6/18	6/19～6/28
6/29～7/8	7/9～7/18	7/19～7/28	7/29～8/7	8/8～8/17	8/18～8/27
8/28～9/6	9/7～9/16	9/17～9/26	9/27～10/6	10/7～10/16	10/17～10/26
10/27～11/5	11/6～11/15	11/16～11/25	11/26～12/5	12/6～12/15	12/16～12/25
12/26～12/31					

2008

さる	きりん	ひつじ	ぞう	らいおん	とら
1/1～1/4	1/5～1/14	1/15～1/24	1/25～2/3	2/4～2/13	2/14～2/23
2/24～3/4	3/5～3/14	3/15～3/24	3/25～4/3	4/4～4/13	4/14～4/23
4/24～5/3	5/4～5/13	5/14～5/23	5/24～6/2	6/3～6/12	6/13～6/22
6/23～7/2	7/3～7/12	7/13～7/22	7/23～8/1	8/2～8/11	8/12～8/21
8/22～8/31	9/1～9/10	9/11～9/20	9/21～9/30	10/1～10/10	10/11～10/20
10/21～10/30	10/31～11/9	11/10～11/19	11/20～11/29	11/30～12/9	12/10～12/19
12/20～12/29	12/30～12/31				

2009

うさぎ	ぱんだ	かば	わに	ねこ	ひよこ
1/1～1/8	1/9～1/18	1/19～1/28	1/29～2/7	2/8～2/17	2/18～2/27
2/28～3/9	3/10～3/19	3/20～3/29	3/30～4/8	4/9～4/18	4/19～4/28
4/29～5/8	5/9～5/18	5/19～5/28	5/29～6/7	6/8～6/17	6/18～6/27
6/28～7/7	7/8～7/17	7/18～7/27	7/28～8/6	8/7～8/16	8/17～8/26
8/27～9/5	9/6～9/15	9/16～9/25	9/26～10/5	10/6～10/15	10/16～10/25
10/26～11/4	11/5～11/14	11/15～11/24	11/25～12/4	12/5～12/14	12/15～12/24
12/25～12/31					

2010

きりん	ひつじ	ぞう	らいおん	とら	さる
1/1～1/3	1/4～1/13	1/14～1/23	1/24～2/2	2/3～2/12	2/13～2/22
2/23～3/4	3/5～3/14	3/15～3/24	3/25～4/3	4/4～4/13	4/14～4/23
4/24～5/3	5/4～5/13	5/14～5/23	5/24～6/2	6/3～6/12	6/13～6/22
6/23～7/2	7/3～7/12	7/13～7/22	7/23～8/1	8/2～8/11	8/12～8/21
8/22～8/31	9/1～9/10	9/11～9/20	9/21～9/30	10/1～10/10	10/11～10/20
10/21～10/30	10/31～11/9	11/10～11/19	11/20～11/29	11/30～12/9	12/10～12/19
12/20～12/29	12/30～12/31				

2011

ぱんだ	かば	わに	ねこ	ひよこ	うさぎ
1/1～1/8	1/9～1/18	1/19～1/28	1/29～2/7	2/8～2/17	2/18～2/27
2/28～3/9	3/10～3/19	3/20～3/29	3/30～4/8	4/9～4/18	4/19～4/28
4/29～5/8	5/9～5/18	5/19～5/28	5/29～6/7	6/8～6/17	6/18～6/27
6/28～7/7	7/8～7/17	7/18～7/27	7/28～8/6	8/7～8/16	8/17～8/26
8/27～9/5	9/6～9/15	9/16～9/25	9/26～10/5	10/6～10/15	10/16～10/25
10/26～11/4	11/5～11/14	11/15～11/24	11/25～12/4	12/5～12/14	12/15～12/24
12/25～12/31					

2012

ひつじ	ぞう	らいおん	とら	さる	きりん
1/1～1/3	1/4～1/13	1/14～1/23	1/24～2/2	2/3～2/12	2/13～2/22
2/23～3/3	3/4～3/13	3/14～3/23	3/24～4/2	4/3～4/12	4/13～4/22
4/23～5/2	5/3～5/12	5/13～5/22	5/23～6/1	6/2～6/11	6/12～6/21
6/22～7/1	7/2～7/11	7/12～7/21	7/22～7/31	8/1～8/10	8/11～8/20
8/21～8/30	8/31～9/9	9/10～9/19	9/20～9/29	9/30～10/9	10/10～10/19
10/20～10/29	10/30～11/8	11/9～11/18	11/19～11/28	11/29～12/8	12/9～12/18
12/19～12/28	12/29～12/31				

2013

かば	わに	ねこ	ひよこ	うさぎ	ぱんだ
1/1～1/7	1/8～1/17	1/18～1/27	1/28～2/6	2/7～2/16	2/17～2/26
2/27～3/8	3/9～3/18	3/19～3/28	3/29～4/7	4/8～4/17	4/18～4/27
4/28～5/7	5/8～5/17	5/18～5/27	5/28～6/6	6/7～6/16	6/17～6/26
6/27～7/6	7/7～7/16	7/17～7/26	7/27～8/5	8/6～8/15	8/16～8/25
8/26～9/4	9/5～9/14	9/15～9/24	9/25～10/4	10/5～10/14	10/15～10/24
10/25～11/3	11/4～11/13	11/14～11/23	11/24～12/3	12/4～12/13	12/14～12/23
12/24～12/31					

LION……らいおん

猛スピードで突き進む！
好戦的なスゴ腕ハンター

性格

どこまでも続くサバンナの大地を全速力で走るように、ふつうの人の３倍の速さで駆け抜ける。そんならいおんさんのスピードは、周りからときにせっかちに見えることも。思い立ったらすぐ行動！ をモットーに、アクティブな日々を過ごしているはず。好奇心旺盛で、ワクワクすることを嗅ぎつけたら、どんな場所にも果敢に飛び込んでいきます。そんな大胆で怖いもの知らずな性格は、さすが百獣の王といったところ。

ラッキーカラー

ゴールド

ラッキーフード

チーズ

ラッキーアイテム

ジュエリー

ラッキープレイス

カフェ

らいおんタイプの有名人

中山美穂、村主章枝、平愛梨、吉高由里子、小松菜奈
池田エライザ、上白石萌音、中居正広、小栗旬、生田斗真

どんな恋愛？

追われるより追いかけたい。生まれながらのハンター気質で、狙った獲物は逃《のが》さない！ というアグレッシブな恋愛スタイル。ただ、追いかけている間はすごく楽しいのに、手に入れると急につまらなく感じてしまう……なんてところも。常にドキドキと隣り合わせな、ちょっと危ない恋に手を出してみるのもいいかも!?

どんな仕事？

立派な黄金のたてがみを持つらいおんさんは、どこにいてもみんなの目を惹く存在。自分自身も注目されることが大好きなので、裏方よりも表舞台で輝くタイプ。本番に強く、緊張を力に変えることができるので、俳優やタレントにも向いているかも。交渉ごとやコンペなど「勝負強さ」が必要な場面でも、大活躍できること間違いなしです。

得意なこと

頭の回転もスピーディーで、さらに野性的なカンの良さも持ち合わせているので、基本的にどんなことも要領よくこなせちゃいます。そしてそのバツグンのセンスは、自分の縄張りの中ではよりいっそう発揮されることでしょう。世の中の常識や他の人の意見よりも、「自分の意思やカン」を信じて突き進んでいきましょう。

苦手なこと

猛スピードで生きているので、周りに合わせるのが少し苦手。個人プレーのほうが、思う存分チカラを発揮できそうです。また、誰かから攻撃されたら一瞬で牙を剥いて、倍返しするような戦闘本能も持っているらいおんさん。ガブリと噛みつきたくなっても、深呼吸してゆっくり相手と向き合ってみるのも大切なのかもしれません。

MONKEY……さる

楽しいことだーいすき！仲間思いのムードメーカー

性格

たくさんの仲間と一緒に暮らすさるさんは、人付き合いがとっても上手。持ち前の明るくて親しみやすいキャラクターで、はじめましての人ともあっという間に打ち解けてしまいます。職場でもプライベートでも、にぎやかな輪の中心にはいつもさるさんの姿が。自分の「居場所」を何よりも大切にするので、家族や恋人、親しい友達への愛情も人一倍。普段はヘラヘラしていても、大切な人のピンチには絶対的な味方でいようとする頼もしい一面も。

ラッキーカラー

オレンジ

ラッキーフード

アイスクリーム

ラッキーアイテム

香水

ラッキープレイス

海

さるタイプの有名人

小泉今日子、新垣結衣、指原莉乃、SANA（TWICE）、広瀬すず
阿部寛、岡田准一、山﨑賢人、道枝駿佑（なにわ男子）

どんな恋愛？

そもそも男女関係なく、人としてモテるので、恋人には困らなそう。ただ、相手に少しでも「なんか違うかも……」と感じたら、すぐ次に行ってしまう傾向が。ちゃんと自分の居場所になってくれる人じゃないと長続きしないので、ドキドキやハラハラをくれる相手より、安心して毛づくろいし合えるような相手を見つけましょう。

どんな仕事？

さるさんの仕事選びにおいては、「何をするか」よりも「誰とするか」が重要。あの人と一緒に働きたい！という理由が決め手になることも。群れの中でこそ輝けるタイプなので、個人作業よりも、なるべくいろんな人に囲まれる仕事を選ぶのが成功の近道です。仲間や家族との絆も強いので、ファミリー的なビジネスも向いています。

得意なこと

さるさんは、チームプレーが大得意。意外と周りの人のことをよーく見ているので、この人にはこんなことが向いていそう！ とぴったりな役割を見つけてあげたり、あの子とあの子は気が合わなそうだな……と人間関係を配慮してくれたり、友達同士のグループや仕事のチームに一人さるさんがいるだけで、いい雰囲気になりそうです。

苦手なこと

優柔不断なので、決めることが苦手。とにかく楽しいことが大好きで、あれもしたい！ これもしたい！ が多すぎて、一つに選べないのです。おっちょこちょいなところもあって、ちょっとしたミスもあるかも。でもそれが、みんなから放っておけないと思われるような、可愛いチャームポイントなのかもしれません。

PANDA……ぱんだ

抜群のバランス感覚！臨機応変なパイオニア

性格

よくタイヤにぶら下がって遊んでいるせいか、バランス感覚がとってもいいぱんださん。人間関係においても、相手とのちょうどいい距離を感覚的に把握し、誰とも無難に付き合うことができます。愛想の良さがときに八方美人に映るかもしれませんが、その場にいるだけで雰囲気が丸くなるので、職場のチームでも友達のグループにおいてもなくてはならない存在。未知への好奇心が強く、次々と新しいことに挑戦するような生き方を好みます。

ラッキーカラー

白

ラッキーフード

豆腐

ラッキーアイテム

グラス

ラッキープレイス

湖

ぱんだタイプの有名人

松嶋尚美、柴咲コウ、綾瀬はるか、上戸彩、平手友梨奈
タモリ、所ジョージ、明石家さんま、有田哲平（くりぃむしちゅー）、松下洸平

どんな恋愛？

普段は誰とでも心地よい距離を自然と保てるぱんださんですが、なぜか好きな人とだけは距離が上手く取れないという不器用なところがあります。依存されすぎにも、ハマりすぎにも注意。恋愛をしていると精神的なバランスも崩しがちなので、心を狂わせるほどの相手よりも、そこそこの距離感の人と結婚したほうが上手くいくことも。

どんな仕事？

ぱんださんは「初代運」を持っていて、何かをはじめるパワーが凄まじいので、世の中的に新しいことや、他の人がやっていないことをやるのが吉です。自分で事業を立ち上げてもいいし、会社なら新しいことに挑戦させてくれる部署がいいでしょう。逆に、いつまでも親を頼ったり、親元にいたりすると、運気が下がってしまうかも。

得意なこと

ぱんださんは大人数の場を回すのが得意で、名司会者にも多いのです。真っ黒な瞳でいつも他人の気持ちを深く観察しているので、相手の言いたいことを汲み取ってあげることができます。柔軟性もバツグンで、急なハプニングにも焦りません。「大丈夫、大丈夫」とみんなを落ち着かせ、臨機応変な対応でその場を上手に収められるでしょう。

苦手なこと

癒やし系のオーラをまとっているので、穏やかに見られがちなぱんださんですが、実は一度怒りが爆発すると、なかなか許せないという一面が。とはいえ怒っているときの自分が好きじゃないので、怒りながらもフォローするなど相手に対して気を遣い、余計に疲れてしまうことになりがちです。怒ることが苦手と言えるかもしれません。

TIGER……とら

燃え上がる情熱！トップを目指すアスリート

性格

狙った獲物は決して逃《のが》さない、とらさん。何か目標ができると、それを一心不乱に追いかけて、必ず達成してみせるのです。その情熱はときに不可能を可能にするほどのパワーを生み出すので、とんでもないことを成し遂げて周りを驚かせることも。ストイックに物事を突き詰めるアスリート気質ゆえに、誰もついてこられず、気づけば孤立してしまっている……なんてこともありますが、それも高みを目指す者の宿命かもしれません。

ラッキーカラー

グリーン

ラッキーフード

オリーブオイル

ラッキーアイテム

鏡

ラッキープレイス

神社

とらタイプの有名人

**長谷川京子、木村カエラ、杏、浅田真央、齋藤飛鳥
マツコ・デラックス、大谷翔平、中川大志、藤井聡太**

どんな恋愛？

とらさんは常に生命力がほとばしっているので、その動物的な魅力で無意識にいろんな人を惹きつけてしまいます。でも実は、とらさん自身はモテても別に嬉しくないのでは？ どんなにたくさんの人に好かれていても、いちばん好きな人から好かれないと意味がない……なんて、ちょっとだけ面倒なところがありますから。

どんな仕事？

いろんなことを器用にこなすより、一つのことをとことん突き詰める職人タイプ。どんな分野でもいいので、人生を懸けて取り組みたいと思えるような、「これだ！」というものに出会うことが大切です。それが見つかりさえすれば、あとは全力疾走するだけ。どんな仕事でも、きっと金メダルが穫れるレベルまで高められます。

得意なこと

常にターゲットを探して広大な大地を見渡しているように、優れた洞察力を持っています。物事の本質を見抜くことが得意なので、さまざまな利害が複雑に絡まり合っているような問題も、とらさんのひと言が解決の糸口になってスムーズに進みだすことも珍しくないでしょう。只者《ただもの》じゃない、と一目置かれることも多いみたいです。

苦手なこと

群れではなく、単独で狩りをする習性のせいか、チームプレーが苦手かも。自分にとても厳しい分、他人のミスを許せないところがあります。チームで何かを頑張るというよりは、個人でどんどん上を目指すのが良さそう。ただ、周りの目線は気にするたちなので、良きライバルがいるとさらに燃え上がって切磋琢磨できるでしょう。

ELEPHANT……ぞう

安定感ナンバーワン！
愛情深いみんなのママ

性格

どっしりとした佇まいのぞうさんは、ちょっとやそっとのことじゃ動じない、とても安定感のある心の持ち主です。それに加えて母のような包容力もあるものですから、あらゆる場面で周りの人から頼りにされているはず。自分のためよりも誰かのために生きることに喜びを感じるタイプなので、多少ムチャなお願いであっても、あまり苦にならないでしょう。真面目でひたむきな性格も、ぞうさんの素敵なところです。

ラッキーカラー

黄色

ラッキーフード

ピザ

ラッキーアイテム

キーケース

ラッキープレイス

温泉

ぞうタイプの有名人

永作博美、真木よう子、紗栄子、白石麻衣、広瀬アリス
千原ジュニア（千原兄弟）、有吉弘行、永山瑛太、羽生結弦、佐野勇斗（M!LK）

どんな恋愛？

とにかく相手に尽くしまくるのが、ぞうさんの恋愛スタイル。周りから反対されるようないわゆる「ダメな人」に対して、放っておけない……！ と母性本能を掻き立てられてしまいがち。そして愛情が深すぎるがゆえに、重たいと思われてしまうことも?! ですがとっても家庭的なので、ファミリーを築くのには向いているタイプです。

どんな仕事？

群れ全体で子どもを守り、大切に育てていくぞうさんは、教育者としての素晴らしい素質を持っています。学校の先生はもちろん、会社の中でも教育係など人に教える役割を与えられると大活躍できそうです。また、「ありがとう」と言われることが何よりのモチベーションになるので、接客業にもやりがいを感じられるかも。

得意なこと

とにかく面倒見がいいので、お悩み相談はお手のもの。責任感も人一倍強いぞうさんにとって、一度関わった問題は、ちゃんと解決するまで気にかけてあげるのが当たり前のこと。だから深刻な話も、ぞうさんにだけは打ち明けられる！ という人もかなり多いのでは。大きな耳と心で、じっくり聞いてあげてください。

苦手なこと

ドシン！ と強い信念を持っているがゆえに、自分の考えを曲げることが苦手。相手がどんな正論をぶつけてきても微動だにしない、頑固な一面があります。あの人には何を言っても無駄だから……なんて呆れられてしまわないよう、ときどき譲歩してあげることができれば、周囲からの信頼もさらに高まっていきそうです。

RABBIT……うさぎ

上昇志向でジャンプアップ！ 賢くしっかり者の戦略家

性格

優れた跳躍力を持つうさぎさんは、経験を積み上げて、ぴょんぴょんと人生の階段を駆け上がっていきます。そんなに目立つタイプじゃなかったはずなのに、いつの間にか誰よりも出世していた……！ なんてことも。可愛らしい見た目とは裏腹に、実はかなりしっかり者。ただ、上昇志向は強めでも、自分だけが甘い汁を吸うなんてことはありません。周りとWin-Winな関係性を築きながら上を目指すので、年を重ねるにつれて味方が増えるでしょう。

ラッキーカラー

ブラウン

ラッキーフード

グレープフルーツ

ラッキーアイテム

時計

ラッキープレイス

花屋

うさぎタイプの有名人

天海祐希、石田ゆり子、MEGUMI、仲里依紗、今田美桜
郷ひろみ、リリー・フランキー、福山雅治、岡田将生、北村匠海

どんな恋愛？

うさぎさんが相手に求めるのは、ずばり将来性。玉の輿もやぶさかではありません。良さそうな相手を見つけたらしっかりとリサーチし、戦略を立てて確実に落としていきます。うさぎさんは付き合った人をどんどん高めてあげられるので、今はなんだかパッとしない相手でも、いずれは理想の恋人に成長させることができそうです。

どんな仕事？

うさぎさんはどちらかというと、感覚よりも経験に頼るタイプ。0から1を生み出すようなクリエーションよりも1を100にするようなシステムづくりにおいては素晴らしい天才的な発想やパワーを持ち合わせています。エンジニアやコンサルタントなど効率化を考える仕事や、経営に関わる仕事などで大きなバリューを発揮できそうです。

得意なこと

夏は茶色に、冬は白に。周りの景色によって毛色を変えることもあるうさぎさん。自分が周りからどう見えるかを常に気にしているので、セルフプロデュース能力に長けています。周りの人間関係によってキャラクターや立ち回りを変える器用さが強みです。自分だけではなく周りの人の良さを見出して伸ばしていくプロデュース力を生かして。

苦手なこと

持ち前の行動力と長くてよーく聞こえる耳で、良くも悪くもいろんな情報や意見をキャッチしてしまうので、ときに慎重になりすぎるところがあります。そのせいでチャンスを逃してしまい、悔し涙で目を赤くした夜もあったのではないでしょうか。いざというときは、慎重になりすぎず、大胆な冒険をしてみることも必要かもしれません。

CROCODILE……わに

圧倒的カリスマ性！
今を生きるファッショニスタ

性格

川辺でもバツグンの存在感を放っているわにさんは、どこに行っても目立ってしまう、ものすごいオーラの持ち主。しかも自分がイキイキと楽しむことで、周りにいる人たちも幸せにしてしまうような、ポジティブな影響力があります。ちょっと喧嘩っ早いところもありますが、そのときはものすごく怒っていても、翌日にはケロッと忘れてしまっていることでしょう。そんなサバサバした性格は、わにさんの大きな魅力です。

ラッキーカラー

シルバー

ラッキーフード

メロン

ラッキーアイテム

バッグ

ラッキープレイス

お城

わにタイプの有名人

米倉涼子、木南晴夏、永野芽郁、堺雅人
佐藤健、坂口健太郎、竹内涼真、永瀬廉（King & Prince）、高橋文哉

どんな恋愛？

肉食系のわにさんは、狩猟本能がかなり強め。相手に追いかけられるより、自分が必死に追いかけたいタイプです。恋愛においても常にワクワクしてなきゃ嫌なので、両想いになれた瞬間、スーッとそれまでの熱が失われてしまうなんてことも……。自分にとって刺激的な相手を見つけるのが、長続きのポイントかもしれません。

どんな仕事？

おしゃれなウロコ柄がファッション界でも人気のわにさんは、持ち前のセンスを生かしたり、トレンドをつくったりするような仕事がぴったり。デザイナーやメイクアップアーティスト、雑誌編集者やテレビ業界なんかも向いているかも。自分をしっかりと持っているので、組織に所属しなくても、フリーランスでどんどん活躍していけそうです。

得意なこと

カンが良くてとっても器用なので、ふつうの人が３時間かかることも、わにさんなら１時間で終わらせることができちゃいます。ただ、一緒にいる相手に自分と同じスピードを求めすぎると、疲れさせてしまうので要注意です。流行にも敏感なので、周りからも「イケてる人」として一目置かれているのではないでしょうか？

苦手なこと

常識とか、ルールとか、型にはめられるのが苦手。固定観念も、大きな口でバクッと噛み砕いてしまうのがわにさんの生き方。常にスピーディーなので小さいことは見落としがちかも。それゆえに、いつの間にか個人プレーになってしまうことも。ときどき意識して周りの人の話を聞いてみると、思わぬ発見があっていいかもしれません。

CHICK……ひよこ

愛嬌なら誰にも負けない！
生まれながらのアイドル

性格

まるでついさっき卵から生まれたばかりのように、ピュアな心を持っているひよこさん。自分の気持ちに素直で、いつまでも子どもっぽい可愛らしさがあります。天性の無邪気さで、周りの人の心を掴んでいるはずです。みんなでワイワイ遊ぶことが、ひよこさんの何よりの楽しみ。一人ぼっちになることが少し苦手なので、自分が愛されているかどうかにとても敏感です。相手に必要とされていないと感じたら、ふら〜っと離れていってしまうことも。

ラッキーカラー

黄緑

ラッキーフード

ハーブティー

ラッキーアイテム

マニキュア

ラッキープレイス

テラス

ひよこタイプの有名人

山口百恵、板谷由夏、松たか子、安達祐実、吉岡里帆
生駒里奈、ヒロミ、博多大吉（博多華丸・大吉）、志尊淳、V（BTS）

どんな恋愛？

ひよこさんの恋愛においては、愛されることが何より重要。自分が愛した分の見返りがないと、不機嫌になって殻《から》に閉じこもってしまうことも。また、言葉よりも形ある「モノ」で愛情を測るところがあるので、プレゼントに弱いです。惜しみなく愛情もお金も与えてくれる、ひよこさんの大ファンのような相手と付き合うと幸せになれるかも。

どんな仕事？

興味関心がコロコロと移り変わるので、次々と転職しがち。でも楽しければオッケーなのです。もし自分にぴったりだと思える職場がなかったら、自分でつくっちゃうのもアリかも。あなたが「こんなことやってみたい！」と声を上げれば、自然と協力してくれる人が集まるので、好きなことで起業するのも向いています。

得意なこと

人たらしで、とにかくお願い上手。多少無理な相談でも、ひよこさんにつぶらな瞳で頼まれると断れない……と相手を頷かせる力を持っています。都合が悪いことを一瞬で忘れるのも、得意技。どれだけ激しく怒られても、３秒後にはケロッとしてしまいます。まったく反省しなくてもどこか憎めないのが、ひよこさんの不思議な魅力です。

苦手なこと

嫌いな言葉は、「努力」と「根性」。責任を与えられるのも、大の苦手です。基本的に楽しいことファーストなので、やらなきゃいけないことより、ついやりたいことを優先してしまいます。ですが、褒められると伸びるタイプではあるので、応援してくれる仲間がいれば、少し高い壁でもピヨピヨとなんとか乗り越えられるかも。

SHEEP……ひつじ

与えることこそ幸せ！
心優しいサポーター

性格

昔から羊毛やミルクやお肉で、たくさん人の役に立ってきたひつじさんは、誰かを助けたり、喜ばせたりすることに生きがいを感じるタイプ。しかもそれがぜんぜん恩着せがましくないのが、ひつじさんのすごいところ。もしも寒さに震えている人がいたら、自分が裸になってでも毛糸のセーターを編んであげるような、見返りを求めない優しさの持ち主です。他人のために生きることが、ちゃんと自分の運気アップにもつながるのでご安心を。

ラッキーカラー

ピンク

ラッキーフード

寿司

ラッキーアイテム

花

ラッキープレイス

プール

ひつじタイプの有名人

和久井映見、吹石一恵、吉田沙保里、上白石萌歌、浜辺美波
IKKO、博多華丸（博多華丸・大吉）、長友佑都、吉沢亮、横浜流星

どんな恋愛？

いろんな人と仲良くできるひつじさんですが、家族や恋人など、本当に大事な人への愛情表現は苦手。わざと冷たくしてしまって悲しませたり、与えすぎてしまって重いと言われたり。放牧されているときのように、相手とのゆったりとした距離を保つことが、お互いにストレスのない良好な関係をキープするコツかも。

どんな仕事？

たくさんの人の助けになるような医療福祉系や教育系、持ち前のサービス精神を生かせるような仕事も向いています。ただ少し飽きっぽいところがあるので、ルーティーンワークよりも、いろいろなことに挑戦できるほうが良さそう。もし今の仕事に物足りなさを感じているのなら、副業をはじめて、二足のわらじを履くのもオススメです。

得意なこと

見た目通りのふわふわと柔らかな物腰で、どんな人とも和やかに付き合えます。周りのみんなから苦手とされているような人ともいい距離感で仲良くなれるので、集団の中の潤滑油的存在として重宝されているはず。一人ぼっちの人を見つけたら、そっと声をかけて隣にいてあげるような、さりげない気遣いができるのも素敵なところです。

苦手なこと

ひつじさんにとって、人に嫌われたり、非難されたりすることが何より辛いこと。とくに自分のしたことで誰かに迷惑をかけてしまうと、しばらく立ち直れないほどの大ダメージを負ってしまうかも。人の役に立つのは大好きなのに、人に頼ることは苦手。膨大な仕事をたった一人で抱え込んでしまい、徹夜することもしばしば……。

CAT ねこ

セクシーな魅力あふれる！
恋多きロマンチスト

性格

他人に命令されることを嫌い、自分の生きたいように生きる。それがねこさんのスタイルです。意思がハッキリしているので、周りにとやかく言われると、毛を逆立ててシャーッ！ と怒ってしまうことも。興味がないことにはとことん興味が持てないねこさんですが、ひとたび夢中になると、それ以外何も目に入らなくなってしまうほど驚異的な集中力を発揮します。大きな夢を叶えたがるロマンチストでもあるので、大物になる人も少なくありません。

ラッキーカラー

紺色

ラッキーフード

チョコレート

ラッキーアイテム

キャンドル

ラッキープレイス

美術館

ねこタイプの有名人

滝川クリステル、加藤ローサ、大坂なおみ、橋本環奈
設楽統（バナナマン）、イチロー、松本潤、SUGA(BTS)、目黒蓮（Snow Man）

どんな恋愛？

ねこさんがしっぽを振って寄り添えば、どんな相手も思わずキュンとしてしまいます。そんな人を惹きつける独特な色気があるので、とてもモテるはず。好きになるとその人しか目に入らなくなり、友達が口を揃えて止めるような相手でも、愛を貫いてしまうところも。危険な恋愛に陥る可能性もあるので、トラブルには要注意。

どんな仕事？

とっても発想力が豊かなので、クリエイターや商品の開発など、新しいアイデアを考えるような仕事が向いていそうです。こだわりの強さや完璧主義な性格が、「この人に任せておけば間違いない！」とプラスに働くような環境を見つけることができれば、どんな分野においても唯一無二のポジションを確立できそうです。

得意なこと

動物的なカンが鋭いねこさんは、「今だ！」というチャンスを掴む能力は人一倍。持ち前の俊敏さで、サッと爪を出して飛びつくことができます。涼しい顔で思いもよらない大胆な行動をするのも特徴で、周りの人を驚かせてしまうことも。ですがそれは、ねこさんの求める刺激的な人生に必要不可欠なスパイスなのです。

苦手なこと

実はかなり人見知り。そもそも他人とベタベタするのが好きなタイプではありません。ピンと張ったヒゲで、その場の空気や他人の気持ちを敏感に察知してしまうので、慣れない場だと気疲れしてしまいそう。自己中心的だと思われがちですが、誰かとケンカになってしまった日は、家に帰ってしょんぼり反省……なんていじらしい一面も。

GIRAFFE……きりん

計画的に目標達成！
仕切り上手な
プロデューサー

性格

長い首で俯瞰的に周囲を見渡せるきりんさんは、情報収集能力にとても長《た》けています。集めた情報をきちんと整理して、どんなときも合理的な判断をするので、その見た目に違わずスマートな人だと思われているでしょう。どんどん背丈が伸びていくように、歳をとるごとに成長していく大器晩成型でもあります。若いうちはなかなか思い通りにいかないことが多いかもしれませんが、焦りは禁物。きりんさんの人生は、50歳からが本番です。

ラッキーカラー

水色

ラッキーフード

ハンバーガー

ラッキーアイテム

鈴

ラッキープレイス

公園

きりんタイプの有名人

井川遥、戸田恵梨香、大島優子、JENNIE（BLACKPINK）、MOMO（TWICE）
福原遥、木梨憲武（とんねるず）、木村拓哉、櫻井翔、松坂桃李

どんな恋愛？

現実主義のきりんさんは、無償の愛など信じません。損得勘定で相手を見定めるところがあるので、お互いに「好き」だけじゃないメリットを感じられる相手と付き合うと上手くいきそう。とくに結婚に対してはすごく慎重。刹《せつ》那《な》的な感情だけで決断することは絶対にないので、こんなはずじゃなかった……なんていう失敗は少なそうです。

どんな仕事？

仕切り上手で、調整ごとはお手の物。表に出るより裏方でも輝けるきりんさんにとって、プロデューサーは天職かも。誰かをサポートすることも得意なので、１番手より２番手のポジションで支えるマネージャーのような職業も向いています。締切も余裕で守れるので、ノルマを効率よくこなしていくような仕事でも手腕を振るえそうです。

得意なこと

計画を立てることも、それを完璧に実行することも、きりんさんにとっては、容易いこと。ふつうの人よりもはるか遠くの未来まで見えているので、先のまた先の、もう一つ先まで見据えた完璧なプランをつくることができるのです。それに加えて、真面目にコツコツ努力できるタイプでもあるので、どんな困難な目標も必ず達成できそうです。

苦手なこと

緻密な計画で動く反面、予想外のアクシデントは大敵。自分のペースを乱されると、大きなストレスを感じてしまいます。そんなときは、強引に進めようとせずに、一度段取りを組み直すのが解決への近道かも。チームのトップに立つときは、思い通りに動かそうとしすぎるあまり、理詰めで攻めすぎないように要注意を。

HIPPO かば

責任感は人一倍！ 芯が強い頼れるボス

性格

しっかりと地に足をつけて歩くかばさんは、何があってもブレない芯の強さの持ち主。他人の考えや環境の変化にまったく影響を受けず、とことん自分を貫き通すので、状況によってはちょっと自己中心的だと思われてしまうことも。でも損得よりも人と人との心のつながりを優先し、どんな物事に対しても基本的に誠実に向き合うので、長く付き合えば付き合うほど、周りの人はかばさんにひときわ高い信頼を寄せていくのです。

ラッキーカラー

赤

ラッキーフード

ジャム

ラッキーアイテム

スニーカー

ラッキープレイス

山

かばタイプの有名人

中森明菜、宮沢りえ、満島ひかり、宮﨑あおい、土屋太鳳
高田純次、江口洋介、ノブ（千鳥）、菅田将暉、NI-KI（ENHYPEN）

どんな恋愛？

恋愛で相手のどこを見るか。かばさんの場合はただ一つ、「心」です。絶対にお金やステータスで選んだりしないので、付き合ってみたらなんか違った……なんてことは起こりにくそうです。一途で嘘がなく、好きになった相手をとことん大切にする反面、良かれと思っていろいろ押し付けてしまいがちだから気をつけて。

どんな仕事？

たくさんの群れで暮らすかばさんは、チームワークの達人。どんな仕事でも、リーダー的役割を担うとチームが上手くまとまりそうです。しかもおっとりして見えるけど、決断するときは迅速かつ大胆。かなり経営者向きの性格かも。そして並々ならぬ正義感を燃やしているので、政治家や弁護士のような職業もぴったりです。

得意なこと

かばさんは「血の汗を流す」とも言われており、根っからの働き者です。真面目にコツコツ、地道に努力することが大得意。それに加えて責任が大好物なので、任される仕事や掲げる目標が大きいほど、なんとか成し遂げるために凄まじい馬鹿力が発揮されます。あえて大口を叩いて、自分にプレッシャーをかけると成長できるかも。

苦手なこと

何事に対してもハッキリとした意見を持っているので、曖昧にすることが苦手です。とにかく白黒をつけたがるクセがありますが、ときにはグレーにしておいたほうが丸く収まることもあるので、追及はほどほどに。確固たる「自分」で生きているので、世の中のトレンドには流されないタイプ。流行りものにも興味がないかもしれません。

知ってた?

たべっ子どうぶつのヒミツ

1978年に誕生した人気ビスケット「たべっ子どうぶつ」は
2023年で45周年！ 大ロングセラーのお菓子には
こんなヒミツがあった！ あなたはいくつ知っているかな？

TOPICS 1

前身となったビスケットが存在する!?

写真が「たべっ子どうぶつ」の前身となったビスケット「動物四十七士」。1969年に誕生し、商品ロゴは創業者の宮本芳郎氏が描いたもの！

TOPICS 2

いちばん種類が多い！

形がかわいいビスケット「たべっ子どうぶつ バター味」は形が46種類も！ これは世界で最も種類が多いビスケットなんだそう。

TOPICS 3

いろんなシリーズがあるのを知ってた??

2002年に生後1歳から食べられる「たべっ子BABY」、2007年にしみチョコビスの「たべっ子水族館」、2012年に東日本大震災発生を受けて非常食用の「たべっ子どうぶつ　保存缶」(※現在販売していない)、2019年に「たべっ子どうぶつ」にホワイトチョコレートをしみ込ませた「白いたべっ子どうぶつ」とさまざまな種類が発売されている。

TOPICS 4

アメリカでも たべっ子どうぶつは (Dream Animals) 人気の商品！

アメリカでは、西はロサンゼルスから、東はニューヨークまで商品が流通しているんです。嗜好もさまざまなため、「たべっ子どうぶつ」おなじみのバター味に加えて、のり味、ココナッツ味、バナナ味など、日本にない味も展開しているんです！

TOPICS 5

発売当初と現在ではロゴが絶妙に違う！

発売したばかりのロゴ

現在のロゴ

発売したばかりのロゴと現在のロゴを比べてみると、どこか違う!? よく見ると「子」や「ぶ」の形が読みやすくなっているんです。

TOPICS 6

イラストヒストリー

現在発売されているパッケージにいる、きりんとわには、ビスケットになると首やしっぽが欠けてしまうため、製品化ができていないそう。1993年まで発売されていたパッケージには、正体不明のどうぶつイラストが入っていた！

TOPICS 7

中国ではのり味が人気！

中国では健康にいいと、のりが人気。だから「たべっ子どうぶつ」ものり味がいちばん人気なんだそう。

ビスケット図鑑

こうもり
BAT
ぞう
ELEPHANT
うま
HORSE
ぺりかん
PELICAN
ねこ
CAT
ほっきょくぐま
POLAR BEAR
くま
BEAR
おっとせい
FURSEAL
さい
RHINOCEROS
かば
HIPPO
いぬ
DOG
ぺんぎん
PENGUIN
ぱんだ
PANDA
らいおん
LION
りす
SQUIRREL
うさぎ
RABBIT
うし
COW
とら
LEOPARD

PART 2

全どうぶつとの相性が分かる!

自分×12種相性診断

自分がどんなキャラクターで、どんな本質か分かったら、
続いては相性診断です。12種のどうぶつとはどんな相性なのか、
恋愛・友情・仕事の相性は特に誰と良いのか。
付き合い方の参考にしてください!

らいおん

みんなとの相性は……？

TOP 1

ぱんだ

次々といろんな魅力を引き出してくれる名司会者

動物園の人気者同士のこの組み合わせは、相性最強です。バラエティ番組などで、よく司会者がタレントの知られざる魅力を引き出しているように、回し上手なぱんださんが一緒にいれば、目立ちたがり屋のらいおんさんにとって「オイシイ場面」をたくさんつくってくれるでしょう。一人だとつい突っ走って喋りすぎてしまうらいおんさんを、隣でちゃんとコントロールして正しく輝かせてくれる、ありがたーい存在です。

忙《せわ》しない日々の中で ふと落ち着ける居場所に

普段は猛スピードで生きているらいおんさんだからこそ、たまに心落ち着ける瞬間をつくることが大事。そのときに一緒にいてほしいのが、かばさんです。とくに忙しかった１日を終えて、家に帰るとほっとひと息つけるように、らいおんさんにとって安心できる居場所になってくれるでしょう。心を許せる大切な相手ではありますが、かばさんは基本ゆっくりじっくり物事を進めたいタイプなので、仕事相手としてはペースが合わないことがあるかも。

同じスピード感覚だから ストレス０で過ごせる

周りの３倍の速さで生きているらいおんさんにとって、過去や未来に捉われず「今」を生きているわにさんは、時間の感覚が似ていて、一緒にいてもストレスなく過ごせる相手。生活のタイミングも合いやすいので、パートナーとしても上手くいくことが多そうです。どちらも攻撃的な性質があるので、些細なことで言い争いがはじまることも少なくないかもしれませんが、どちらも後を引かないのであっという間に仲直りできるでしょう。

らいおん

ケンカするほど仲がいいってことで

らいおんさん同士、仲良くなるスピードも速いですが、ちょっとしたことでケンカにもなりやすいかも。お互いに争いごとは一歩も引かないスタンスなので、ヒートアップして嚙み付き合いに発展することも。ですが、そんな大喧嘩をしたとしても、次の日にはすっかり忘れて元通り接することができるので大丈夫。

生きるペースはぜんぜん違うけれど

どっしりとしたぞうさんを見ていると、らいおんさんは自分のペースがいかに速いか気づかされるでしょう。もうちょっとのんびりしてもいいのかな……と気持ちに余裕が持てるかも。ずっと一緒にいるとスローペースにイライラしてしまうかもしれませんが、ぞうさんの懐の深さに助けられることも。

この人の意見は聞く価値ありかも

ネコ科同士ということもあり、価値観もスピード感も似ているので、いいパートナーシップを築くことができそうです。らいおんさんはあまり周りから影響を受けやすいタイプではありませんが、洞察力に優れたとらさんのアドバイスはためになるものが多いはずなので、ちゃんと聞いてみるといいでしょう。

ねこ

自分にないものを たくさん持っている相手

周りの空気や他人の気持ちに敏感なねこさんは、周りのことは気にせず一人で突っ走ってしまいがちならいおんさんの行動に、ちょっとヒヤヒヤしているかも。ですが、そんな風にねこさんは、らいおんさんにないものをたくさん持っているので、ずっと一緒にいても飽きないし、いろんな刺激を与えてくれそうです。

ヒマなときはまず いちばんに連絡してみよう

共通点は、楽しいことが大好きなこと。フットワークの軽いさるさんは、らいおんさんのどんな誘いにもノリノリで応じてくれるので、いちばん声をかけやすい相手かも。ただ、人生の価値観など本質的なところではあまり共感できないので、深い話はできないことも。遊び仲間としてはバツグンの相性だと言えるでしょう。

さる

ひよこ

何もかも正反対だけど きっかけはつくれる

持っている雰囲気もサイズ感も、何もかもが正反対なので、ものすごく親密にはなりにくい組み合わせかも。ですが、興味がコロコロ変わって流行りものが好きなところは似ています。何か新しいワクワクすることを見つけたら、ひよこさんに「これ面白そうじゃない?!」と共有すると、話が盛り上がって仲が深まりそう。

らいおん

きりん

頭がいいもの同士の スマートな付き合い

頭の回転が速いらいおんさんと、合理的でスマートなきりんさんは、好相性。お互い無駄なことが嫌いなので、一緒にいてストレスを感じることが少なそうです。目の前のことに囚われてしまいがちならいおんさんは、視野の広いきりんさんの俯瞰的なアドバイスに助けられることも多そうです。どんどん頼りにしましょう。

欠点を補ってくれる なくてはならない存在

せっかちならいおんさんと、慎重なうさぎさん。正反対な組み合わせですが、欠点を補い合えるいい相性です。らいおんさんがうっかり見落としていったところを、うさぎさんがちゃんと気づいてフォローしてくれるので、大惨事にならずに済むのです。ときどき立ち止まって、そんなうさぎさんに感謝することを忘れずに。

うさぎ

ひつじ

底抜けの優しさに 思いっきり甘えられる

おおらかなひつじさんは、自由奔放ならいおんさんのありのままを受け入れてくれる、居心地がいい相手。そんな優しさについ甘えてしまいがちですが、ひつじさんはそもそも人の役に立つことが大好きなタイプなので、むしろ嬉しく思ってくれているはず。ただし、親しき仲にも礼儀あり。わがままの言いすぎには注意です。

COMPATIBILITY : LION

恋愛の相性

ねこ

追いかけたい派のらいおんさんにとって、モテモテのねこさんはとっても追いかけがいのある相手。振り回されちゃうだろうけど、それが何より燃えるはず。

とら

夢を必死に追いかけているとらさんへの「尊敬」が、いつの間にか「恋」に?! 自分との恋よりも夢を優先するとらさんは、ずっと追いかけていたくなる相手です。

ぱんだ

どんなデートも盛り上げてくれるから、ぱんださんと過ごす時間はとっても楽しいはず。らいおんさんの奔放さも寛大な心で許してくれるので、長く付き合えそう。

相性がいい有名人

染谷将太（らいおん）と菊地凛子（ねこ）は演技派カップル！

友情の相性

わに

とにかくスピード感がぴったりな組み合わせ。お互い流行りものが大好きなので、今いちばんホットなイベントに誘ってみると、仲がぐんと深まりそうです。

らいおん

楽しいと感じるポイントが同じなので、一緒ならどこに行ってもハイテンションで盛り上がれるでしょう。インドアよりアウトドアの遊びに誘うのが吉。

かば

一緒にワイワイ盛り上がるというよりは、落ち込んでいるときにそばにいてくれる存在です。どんなことも話せる友達は貴重なので、大事にしましょう。

相性がいい有名人

TWICE の DAHYUN（らいおん）と MINA（かば）はインドア派同士の仲良しコンビ。

仕事の相性

ひつじ

スピード重視でやや大雑把ならいおんさんの気づけないところを、ひつじさんが何気なくそっとサポートしてくれるので、仕事仲間に一人はほしいところです。

ぱんだ

個人プレーを得意とするらいおんさんが苦戦しがちな、周囲との関係構築の部分を、ぱんださんが持ち前のコミュニケーション力でフォローしてくれるでしょう。

うさぎ

とにかくせっかちならいおんさんにとって、段取りを整えてくれるうさぎさんはありがたい存在。一緒に組めば、すごい勢いでトップに駆け上がれそうです。

相性がいい有名人

平愛梨（らいおん）と長友佑都（ひつじ）はお互い支え合う理想のカップル。

さる

みんなとの相性は……?

TOP 1

ぱんだ

いつでも帰ってこられる居場所になってくれる

自由奔放に駆け回っていたいけれど、ちゃんと安心できる居場所もほしい。そんなさるさんの願いを叶えてくれる存在が、ぱんださんです。人とのベストな距離感を見極めるのが人一倍上手なぱんださんは、さるさんを縛りすぎず、かといって突き放しすぎず、ちょうどいい塩梅《あんばい》で付き合ってくれるでしょう。また、優れた柔軟性を持っているので、さるさんのどんな無邪気な言動もニッコリと受け止めてくれるはずです。

ワイワイガヤガヤ とにかくにぎやかコンビ

底抜けに明るいさるさんと、子どもらしい無邪気さを持っているひよこさんが集まれば、一瞬でにぎやかな空間が誕生します。お互いに何も考えずに話しはじめるタイプですが、楽しいと感じるツボも似ているので、どんどん盛り上がっていくはず。絶え間なく笑い声が広がり、褒め合ったり、ツッコミ合ったりしながら、あっという間に時間が過ぎていくでしょう。嫌なことがあった日でも、ひよこさんに会えば一瞬で元気を取り戻せそうです。

包み込まれるような 不思議な安心感

持ち前の明るさでどんな人とも仲良くなれるさるさんですが、ひつじさんと過ごす時間は、いつも以上にリラックスできるのではないでしょうか。ありのままのさるさんのすべてを受け入れてくれるひつじさんの優しさは、いつも一緒にいる遊び仲間に感じるものとはまた少し違った、不思議な安心感をもたらしてくれます。そんな風に思っていることを素直に伝えてあげると、利他主義なところがあるひつじさんはとっても喜んでくれるはずです。

さる

らいおん

楽しいことが大好き 誘いやすい遊び仲間

らいおんさんもさるさんも、楽しそうなイベントに目がないという共通点があります。フットワークもとても軽いので、お互いに「誘えばすぐに駆けつけてくれる人」として重宝されているのでは。遊び仲間としては間違いなく最高なのですが、本質的な価値観は大きく異なるので、深い話はあまり盛り上がらないかも。

旬の楽しみを見つけて 一緒におでかけしよう

いつもどこかに楽しいことがないか探しているさるさんと、話題のイベントが大好物なわにさんは、とってもナイスな相性。ウワサの映画や流行りのグルメをいち早くチェックしたい！　というワクワクの熱量が同じなので、休日のたびに集まっていろんな場所におでかけするような、最高にアクティブな関係性になれそうです。

わに

ぞう

いろんな場所に 連れ出してあげたくなる

真面目でどっしりとしたぞうさんの生き方に対して、自由に動き回っているさるさんは、常々「もっと楽しんだらいいのに」と思っているのではないでしょうか。ちょっと強引にでも遊びに誘ってあげると、ぞうさんが新しい世界を知るきっかけに。人脈や視野を広げてくれる人生のキーパーソンとして、感謝されるかも。

悩んでいるとき
ズバッと決めてくれる

決断力に優れているかばさんは、優柔不断なさるさんの悩みを、ズバッと解決してくれる存在。他人の考えや環境の変化に影響を受けないかばさんの確固たる姿勢は、さるさんの目にはとっても頼もしく映るはずです。世話焼きで相談されることも大得意なかばさんには、どんな難しいことでも気兼ねなく意見を求めてみて。

どんどん盛り上げて
楽しませたい相手

楽しいことファーストで生きているさるさんは、とらさんのとにかくストイックで自分に厳しいところを、素直にすごいと思っているでしょう。そんなとらさんは、さるさんに対して「隣にいるだけで緊張をほぐして楽しませてくれる」と感謝してくれるので、もっともっと盛り上げて、助けになってあげたくなるのです。

どうやっても追いつけない
カリスマ的存在

目の前のワクワクに興味津々のさるさんにとって、大きな夢を追いかけているねこさんの生き方は、まぶしく映るのかも。それに向かって努力している姿を見て、追いつけないと感じることも。ですが、実はねこさんにとって愛嬌のあるさるさんは、癒しを与えてくれる大切な存在でもあるのです。

さる

どこにでも集合する フットワークの軽さ

圧倒的な陽キャのさるさん同士は、たとえ初対面であっても、あっという間に仲良くなれるはず。フットワークも軽く、遊びの誘いなら基本OKというスタンスだから、どこにいても呼べばすぐに駆けつけてくれるでしょう。仲間づくりも上手なので、お互いに紹介し合って、どんどん交友関係も広がっていきそうです。

怒らせてしまいがち でも悪気はないんです

きりんさんが最もストレスを感じるのは、自分が思い描いていたペースや段取りを崩されること。ですが、マイペースなさるさんは、無意識にその地雷を踏んでしまいがちかも。もしも怒られてしまったときは、とにかく素直に謝りましょう。悪気がないことが伝われば、きりんさんもちゃんと許してくれるはずです。

ついつい甘えてしまう 面倒見の良さ

一つずつ目標を設定して着実に進んでいくうさぎさんは、目先のことしか見えていないさるさんを、行くべき方向に導いてくれるありがたい存在。何かと気にかけてくれるので、ついつい甘えたくなってしまいます。ですが、うさぎさんも誰かをサポートすることが嫌いじゃないので、頼られることを嬉しく思ってくれているでしょう。

COMPATIBILITY : MONKEY

恋愛の相性

うさぎ

優柔不断なさるさんを、計画的なうさぎさんがリードしてくれるでしょう。とくに年下の場合は自分よりしっかり者のうさぎさんに引っ張られるのは、キュンとするかも。

ぱんだ

なんでも受け止めてくれるぱんださんは、どんな深刻な悩みも相談できる、頼れる恋人になってくれそう。信頼関係が生まれるので、長〜く付き合えそうです。

ひよこ

とにかく気が合うので、くだらない話を永遠にしていられる、親友のようなカップルになれるはず。もし別れてしまっても、友達に戻れる確率も高そうです。

相性がいい有名人

ドラマ共演から誕生した
新垣結衣と星野源カップルはさる＆うさぎ！

友情の相性

さる

どちらも楽しいことが大好きなので、積極的に遊びに誘ってみるのが仲良くなるコツかも。共通の趣味があると、猛スピードで仲が深まっていきそうです。

ひよこ

ワイワイ盛り上がるのが好きなもの同士なので、お互いが友達を呼び合って、たくさんの仲間と一緒にパーティーをすると最高に楽しい時間になりそうです。

うさぎ

さるさんは決断が少し苦手なので、行く場所や食べるごはんや乗る電車など、何から何まで完璧に計画を立ててくれるうさぎさんは、一緒に旅行したい相手かも。

相性がいい有名人

北川景子（さる）× DAIGO（さる）は
友達みたいに楽しい家庭を築けそう！

仕事の相性

わに

意思が強いわにさんは、巻き込みづらい相手ではありますが、だからこそお互いにちゃんと考えをぶつけ合うことができるので、結果的にいい仕事ができそうです。

ねこ

洞察力に優れたねこさんが出したナイスアイデアを、ポジティブで前向きなさるさんがどんどん盛り上げてあげれば、どんな計画も実現までスムーズに進みそうです。

かば

チームの雰囲気をつくるのは上手だけど、細かいことまで気にすることが苦手なさるさん。真面目で責任感のあるかばさんが部下にいてくれたら、百人力です。

相性がいい有名人

松浦亜弥（さる）と橘慶太（ねこ）は
お互いの仕事も理解し合える夫婦。

ぱんだ

みんなとの相性は……？

TOP 1

ひつじ

どこまでも分かり合える飾らない関係

共感性が高く、価値観も合うので、出会って5分後にはお互いに「気が合うかも！」と感じていそう。普段は周りの人たちの雰囲気を良くするために、いろいろと気を遣うことが多いぱんださんですが、同じような役割を担いがちなひつじさんとは、その苦労も分かり合えるので、お互いに素顔の自分でいられるはず。かといって、あまり踏み込みすぎると引かれてしまうことも。いつものように、心地よい距離感は大切にしていきましょう。

TOP 2

きりん

サポートすることで発展していく存在

柔軟な思考回路を持ち、臨機応変に動いているぱんださんにとって、いろいろなことを上手に仕切ってくれるきりんさんは、とても良い組み合わせ。自分では当たり前にやっているようなことでも、きりんさんはきちんと結果を出して律儀に感謝してくれるので、もっともっとサポートしてあげたくなります。ですが、あまり一緒にいすぎると、感情のコントロールが利かなくなることも。常に冷静さを保てる距離感でいることが肝心です。

TOP 3

らいおん

そのスター性にもう気づいている

人間観察が得意なぱんださんは、らいおんさんの奥に眠っているスター性にいち早く気づくことができるはず。らいおんさんの豊かな発想力や、勝負をいとわない大胆さなどをリスペクトし、大きく開花させてあげたいと思うでしょう。一人だと張り切りすぎて悪目立ちしてしまうこともあるらいおんさんを、回し上手なぱんださんがフォローしながら立たせてあげることで、その魅力を正しく輝かせることができる、名コンビなのです。

ぱんだ

わに

一緒に盛り上がれば みんなが幸せに

どんな人にも共感してあげられるぱんださんは、わにさんの自己肯定感の高さや気ままな一面をポジティブに評価できます。わにさんのテンションは、そのグループの雰囲気を左右する大きな要因になるので、褒め上手なぱんださんが盛り上げてあげることで、周りのみんなも楽しい気分になれるでしょう。

絶対曲げない頑固さに 驚かされることも

人や環境によって態度や考え方を柔軟に変えていくぱんださんとは真逆で、白黒はっきりさせたいぞうさんは一度決めた意思を曲げることが大の苦手。その頑《かたく》なな姿勢に、ぱんださんは少し驚いてしまうことも。そんなときは、優しくなだめて、その場を丸く収める役割を担うと感謝されそうです。

ぞう

かば

お互いの生き方を 認め合えればオッケー

誰とでも上手に付き合うぱんださんは、人の好き嫌いがはっきりしているかばさんには、八方美人に映るのかも。人間関係の考え方は合わないかもしれませんが、かばさんの知識豊富で教え好きな一面は、好奇心旺盛なぱんださんにとって面白く感じられるはずです。お互いの考え方を認め合っていきましょう。

ものすごいものを生み出せる可能性あり

とらさんの仕事にかける情熱は、とても職人気質なところがあり、完成するものは素晴らしいのですが、最後まで付き合うのは大変。ずっと並走できるのは、ぱんださんくらいなのではないでしょうか？ 我が強いとらさんも、冷静かつ本質的なぱんださんの意見なら素直に受け止められるので、最高の仕事仲間になれそうです。

誤解されがちだから理解したくなる

人見知りで自分の世界に入ってしまいがちなねこさんは、周りからちょっと近寄りにくい人だと思われているところがあります。ですが、物事の本質を捉えることに長けているぱんださんは、そんな上辺だけのイメージではなく、ねこさんの本当の姿を知りたいと思うのではないでしょうか。良き理解者になってあげられそうです。

柄にもなくわがままを言ってしまう

ちょっとクールに見えて、実はいろいろ気を遣っているぱんださんは、自由気ままなさるさんと一緒にいるときだけは、本当の意味でリラックスできそうです。ときには、ぱんださんにしては珍しくわがままを言ってしまい、ケンカを引き起こすことも。そんなときは楽しいことを企画すれば仲直りできるでしょう。

ぱんだ

余計な神経を使わずにのんびりいられる相手

調和を何よりも大切にし、いつも周りの人間関係のバランスを気にかけているぱんださんですが、ひよこさんの前では調整役モードがオフに。素直で無邪気なひよこさんといる時間は、あまり気を遣うことなく自分らしくいられるのです。疲れてしまったときにふと会いたくなる、そんな大切な存在になるかもしれません。

依存させすぎにはちょっとご用心

何かと頼ってくれるうさぎさんを、ぱんださんは全力で助けたいと思うでしょう。ですが、どんな人とでも一定の距離を保ちたいぱんださんは、精神的に寄りかかられすぎると、疲れてしまうかも。うさぎさんのするどい批評がネガティブに傾いてしまっているときには、正面から受け止めすぎずに聞き流しましょう。

ケンカをしてもすぐに調和で元通り

普段はどんな人とも適切な距離で付き合えているのに、気の合うぱんださん同士だとつい油断して、距離感を間違えてしまうことも。近づきすぎてどちらかの感情が溢れると、言いすぎてしまうかも。ですが、普段から培われている人間関係の修復力で、あっという間に元通りの仲良しに戻れるはずです。

COMPATIBILITY : PANDA

恋愛の相性

ぱんだ

ぱんださん同士とっても気が合うので、友達として出会ったとしても、すぐに恋愛関係になりそう。共感できることも多いので、長く付き合っていけそうです。

ひつじ

どちらもコミュ力が高いので、すぐに距離を縮められるはず。ですが、お互いに大好きになるほど感情が制御不能になってしまうこともあるので、言いすぎには注意して。

さる

普段は人に相談されてばかりのぱんださんにも、悩みはあるはず。ぱんださんの抱えているものを、おおらかなさるさんが受け止めてくれるとってもいい相性です。

相性がいい有名人

山下健二郎（三代目 J SOUL BROTHERS from EXILE TRIBE）と朝比奈彩はぱんだ同士のカップル。

友情の相性

うさぎ

部活やサークルの仲間にうさぎさんがいると、普段は争いを好まないぱんださんにも刺激を与えて、切磋琢磨し合えるいいチームメイトになってくれるでしょう。

きりん

誰とでも仲良くできるぱんださんですが、とくに年下のきりんさんに慕われやすそう。自分の経験からアドバイスをしてあげることで、いい信頼関係が生まれるかも。

らいおん

どんな個性も受け入れることができるぱんださん。らいおんさんの良い部分にフォーカスして、魅力を引き立てることができるでしょう。お互いリスペクトできる素敵な友人関係に。

相性がいい有名人

阿佐ヶ谷姉妹の木村美穂（ぱんだ）と渡辺江里子（きりん）は信頼し合えるコンビ。

仕事の相性

とら

とらさんの発想力とぱんださんの調整力を合わせれば、どんな仕事や企画においても、またとないコンビネーションで優れた成果を残すことができるでしょう。

ねこ

ぱんださんは、何かをはじめることにとっても向いています。そのときに、アイデアマンのねこさんをメンバーに入れることが成功のカギになるはずです。

ひつじ

周りの人や状況をよく観察しているもの同士、想定外のトラブルが起きても、阿吽の呼吸で迅速に解決できるようなチームワークが生まれるでしょう。

相性がいい有名人

大活躍のくりぃむしちゅーは有田哲平がぱんだで上田晋也がとら！

とら

みんなとの相性は……？

TOP 1

うさぎ

実力を発揮させてくれる敏腕マネージャー

マネジメント上手なうさぎさんは、とらさんがその有り余るほどのパワーを十分に発揮できるように、いろいろと段取りしながらサポートしてくれるありがたい存在。ちょっと慎重なところがあるうさぎさん的にも、圧倒的熱量でグイグイ引っ張ってもらえるので、とらさんを支えてあげることはプラスなのです。向上心が強いもの同士の相乗効果で、どんどん上へ上へと上りつめていけそう。最高にWin-Winな関係を築くことができる相手です。

TOP 2

きりん

夢の実現に欠かせない冷静なブレーンに

現実主義で冷静に段取りができるきりんさんは、自分にはない、とらさんの情熱的なところをリスペクトしているはず。きりんさんはトップに立つよりも、どちらかというと２番手のポジションで真価を発揮するところがあるので、とらさんの意思を尊重し、常に一歩引いた位置でとらさんを助けてくれそうです。俯瞰的な目線で、とらさんが目標を達成するための最短経路や具体的なプロセスを一緒に考えてくれる、とっても頼もしいパートナーになるでしょう。

TOP 3

ひよこ

一緒にいるだけでなんだか笑顔になれる

天真爛漫なひよこさんの前では、何かと厳しいとらさんも思わず笑顔になってしまうのではないでしょうか。常に全力疾走しているストイックなとらさんにとって、そんなひよこさんと過ごす時間は、とても貴重なリラックスタイムになっているはず。努力もたまにはひと休みして、楽しませ上手なひよこさんと、ハイテンションではっちゃけてみましょう。いい息抜きになって、また次の日からフルパワーで頑張ることができそうです。

とら

らいおん

同じ速さで生きていける共感度高めのパートナー

どちらもネコ科ということで、お互いの考えに共感できることが多いのでは。人生のスピード感覚も似ているので、一緒に暮らすパートナーとしての相性も良さそうです。また、一つのことを極めるとらさんは、好奇心旺盛でいろんなことに興味を持っているらいおんさんと一緒にいることで、視野を広げてもらえそうです。

感性を刺激し合うクリエイティブなコンビ

アイデア豊富なとらさんと、センスバツグンのわにさんは、お互いにユニークな提案をし合えるクリエイティブな仲間になれそうです。そして直感に優れたわにさんの発想は、とらさんの洞察から生まれるそれとはまったく種類が異なるので、ワクワクするような新しいインスピレーションを与えてもらえるでしょう。

わに

ぞう

大切なことが同じだと深〜く共感できる

「思い」の強さを原動力にして生きているとらさんと、何よりも「心」を大切にしているぞうさんは、深く共感し合える関係です。ときどきぞうさんの頑固さに手を焼くこともあるかもしれませんが、そのひたむきに努力する姿は、「負けじと自分も頑張ろう！」と思わせてくれます。親友のようなライバルになれるかも。

かば

頑張り屋さん同士
刺激し合い励まし合い

猪突猛進か、日進月歩か。スタイルこそ違えど、目標に向かって邁進し続けるという共通点があります。どちらもトップレベルの頑張り屋さんなので、相手の言葉にちゃんと重みを感じられそう。お互いに刺激し合ったり、励まし合ったりすることで、やる気の炎をもっと激しく燃やすことができそうです。

きっかけさえあれば
かけがえのない親友にも

基本的に単独行動を好み、人見知りなところがあるとらさん同士だから、仲良くなるのは難しそうに思えますが、実は相性ぴったり。一度ちゃんと話してみれば、価値観がものすごく合うということに気がつくでしょう。かけがえのない親友にだってなれるかも。そんな相手、そうたくさんいるものではないので、大切に。

とら

上辺じゃなくて
ちゃんと心でつながれる

ねこ

とらさんとねこさんには、常に物事の本質を考えているという共通点があります。深いところで通じ合えるはずなので、夢や人生について真剣に語れる相手になるでしょう。逆にどちらも上辺だけの会話はぜんぜん続かないタイプなので、本音を打ち明けられるくらい親しくなるには、まず一歩踏み込んでみる勇気が必要かも。

とら

さる

なぜかぜんぶ許しちゃう にくめない存在

明るくて可愛らしいさるさんは、隣にいるだけでポジティブな気分を盛り上げてくれるありがたい存在です。ただ、忘れ物やちょっとしたミスをすることもしばしばで、困らされることもたくさんあるでしょう。普段は自分にも他人にも厳しいとらさんですが、さるさんのおっちょこちょいなところだけは、ついつい大目に見てしまうのです。

相談したいと思える 唯一の相手かも

他人に説教されることが嫌いなとらさんも、ひつじさんの純度100％の優しさによる、真摯なアドバイスだけはなぜか素直に聞くことができそうです。とらさんのどんな考えも否定せずに、きちんと受け止めてくれるので、困ったときは話してみようと思える貴重な存在かもしれません。頼られれば、ひつじさんも嬉しいはずです。

ひつじ

ぱんだ

会って話すたびに ぱーっと視野が広がる

一つのことをとことん突き詰めるとらさんは、ときには視野が狭くなってしまうことも。そのせいで行き詰まってしまったときは、ぱんださんと会って話してみるといいかも。好奇心旺盛なぱんださんは、常にいろんな分野にアンテナを張っているので、些細な会話の中でも、いろんな新しい気づきを得られるはず。

COMPATIBILITY : TIGER

恋愛の相性

うさぎ

夢に向かって努力しているとらさんの将来性を、いち早く見抜いて一生懸命応援してくれるのがうさぎさんです。感謝しつつ、思いっきり頼ってしまいましょう。

ねこ

価値観が似ているので、一気に距離が縮まりやすい組み合わせ。しかもお互い惚れやすいので、出会ったその日のうちに熱〜い関係になることも珍しくありません。

ひよこ

ストイックに自分を追い込みすぎて辛くなるたびに、ひよこさんの無邪気さに救われることでしょう。とらさんの人生にとって、必要不可欠なオアシスなのかも。

相性がいい有名人

若くして結婚した内田也哉子（とら）＆本木雅弘（うさぎ）夫妻は好相性。

友情の相性

ねこ

どちらも人見知りなので、最初は緊張感がありますが、きっかけさえ掴めれば一瞬で意気投合。相手との距離感をわきまえてくれるので、ストレスなく付き合えます。

とら

とらさん同士は、共通の目標を持つと最強。チームメイトでもライバルでも、切磋琢磨してお互いを高め合えるはず。一緒なら、漫画のような青春を送れそうです。

わに

旬な遊びが大好きなわにさんと一緒なら、とらさんの有り余るエネルギーを放出できるような、いろんな楽しい体験ができるはず。誘いには、どんどん乗ってみて。

相性がいい有名人

鈴木おさむと大島美幸は友達同士のようなとらとら夫妻。

仕事の相性

ひつじ

とらさんが持ち前の熱量でチーム全体を活気づけ、ひつじさんがいい雰囲気をつくっていく。そんなコンビネーションで、最高のチームができ上がりそうです。

ぱんだ

こう！ と決めたら猪突猛進なとらさんが、ふと道を逸れてしまったとき、さりげなく教えてくれるのがぱんださんです。いろいろと気づきを与えてくれるでしょう。

かば

目標に向かって努力することが得意なもの同士、共通のゴールを目指して力を合わせたら百人力。どんな壁も、お互いに鼓舞し合って乗り越えていけるはずです。

相性がいい有名人

仕事の共演から結婚につながった常盤貴子（とら）と長塚圭史（ぱんだ）の二人。

ぞう

みんなとの相性は……?

TOP 1

うさぎ

縁の下の力持ちとして支えがいのある相手

誰かの力になれることに喜びを感じるぞうさんにとって、うさぎさんは絶好の相手です。神経質になってしまうこともあるうさぎさんを、安定感バツグンなぞうさんが縁の下の力持ちのように支えることで、本来の実力を発揮させてあげられるでしょう。そして律儀なうさぎさんは、そんな献身的なサポートにきちんと感謝を示してくれるので、ぞうさんの心も満たされるはず。いつしか固い信頼関係ができているでしょう。

TOP 2

わに

まるで我が子のように 可愛く思える瞬間が

手がかかる子ほど可愛いとも言うように、わにさんの周りを気にしない、無邪気な自由奔放さが、ぞうさんの母性をどうしようもなくくすぐるのです。一度決めたことは貫くべきという信念を持つぞうさんは、わにさんのコロコロと変わっていく発言に困惑させられることもあるかもしれませんが、それも憎めないところです。小さな子を持つ母親のような気持ちで接してあげると、わにさんも大切な心の拠り所として懐《なつ》いてくれるでしょう。

TOP 3

ねこ

嘘がつけないからこそ 腹を割って話せる

自分の感情に正直で社交辞令がなかなか言えないねこさんと、正義感が強くて嘘が大嫌いなぞうさんは、心から信用し合える関係性を築くことができそうです。どちらも言葉にちゃんと重みがあるタイプなので、たとえ意見が食い違っていたとしても、「ちゃんと本音で話してくれている」と感じられて、いっそう信頼度が高まるはず。そして、ねこさんがときどき見せる大胆な一面は、頑固で保守的なぞうさんにとっていい刺激になるでしょう。

ぞう

猛スピードな人生についていけないことも

一歩一歩しっかり物事を進めたいぞうさんは、何事も猛スピードでこなすタイプのらいおんさんには、ついていけないと感じることがあるかも。逆に、ぞうさんのペースに合わせてもらおうとすると、どうしてもイライラさせてしまいます。お互いが気持ちよく過ごすためには、無理に合わせようとしないことが大事です。

ほどよい距離感を保つ落ち着いた関係

ぞうさん同士、何事にもじっくり取り組むスタンスも同じで、分かり合える部分も多そう。ですが、お互い絶対に考えを曲げようとしない頑固なところがあるので、意見が食い違うとちょっと厄介。ほどよい距離感をキープしていれば、ゆったりとした心地よい時間を共有できる、良き理解者となってくれるでしょう。

ハッキリ言ってくれるから気持ちよく話せる

曖昧なことが嫌いなかばさんにとって、意見がハッキリしているぞうさんは、話していて気持ちのいい相手です。もしもかばさんの主張が自分の価値観と違っていても、すぐにムキになって反論したりせずに、「そういう考えもあるのか」といったん冷静に受け止めてあげると、末永く平和な関係でいられそうです。

COMPATIBILITY : ELEPHANT

とら

思いで動くもの同士 共感して高め合える

何よりも「心」を大切にするぞうさんは、熱い想いを原動力にして生きているとらさんに、深く共感できるでしょう。とらさんの一生懸命な姿を見ていると、自分も頑張ろうと思えるはずです。そしてとらさんも、ぞうさんの応援によってさらにやる気を出すことができるので、お互いに高め合えるいい相性です。

新しい世界へと 連れて行ってくれる

どっしりとしているぞうさんは、基本的に変化を好みません。反対にとても身軽なさるさんは、そんなぞうさんを上手く誘って、ふら〜っと知らないところに連れて行ってくれる存在です。そのおかげでぞうさんの行動範囲が広がったり、人間関係も豊かになったりするので、さるさんは人生のキーパーソンなのかもしれません。

さる

ひよこ

欠点じゃなくて 魅力だと捉えてあげよう

確固たる信念を持って物事に取り組むぞうさんの目には、やらなきゃいけないことより楽しそうなほうを優先してしまうひよこさんは、ちょっと無責任な人に映ってしまうことも。ですが、その悪気のない無責任さを、可愛らしい無邪気さだと捉えることができれば、ひよこさんのことがなんだか可愛く見えてくるでしょう。

ぞう

きりん

真面目にこつこつ頑張っている同志

丁寧かつ誠実に作業をしたいぞうさんと、緻密な計画を立ててから実行したいきりんさん。仕事のスタイルが近いので、一緒のチームになればスムーズに物事が進みそうです。どちらもきちんと計画して、真面目にやることを大切にするタイプだと自覚しているところも似ているので、支え合える同志になれそうです。

役割が似ているからちょっとだけ離れておこう

誰かの役に立てることを大切にしているもの同士、そもそもお互いをそこまで必要としていないかも。同じチームやグループにいると、持ち前の奉仕の精神を思う存分発揮できなくて不完全燃焼になってしまう可能性も。あらかじめちょっと距離を置いてみると、お互いの価値をちゃんと生かせそうです。

ひつじ

ぱんだ

場を和ませてくれるありがたい存在

ぞうさんは信念を曲げない強さがあるので、みんなが「右」と言っていても、意地になって一人だけ「左」と主張し続けてしまうようなところがあります。そんなときぱんださんは、「まぁまぁ」とぞうさんを優しくなだめて、さらにその場を丸く収める役割を担ってくれるでしょう。人間関係を助けてくれる、ありがたい存在です。

COMPATIBILITY : ELEPHANT

恋愛の相性

さる

知らない世界を教えてくれたり、楽しい遊びに誘ってくれるさるさんは、ぞうさんにとって刺激的な相手。ずっと飽きることなく付き合っていられそうです。

ひよこ

ひよこさんの無邪気さは、仕事相手としては頼りなさを感じることもあるけど、恋人ならとっても可愛く見えるはず。面倒見がいいぞうさんには、ぴったりの相手かも。

わに

尽くしたがりのぞうさんは、わにさんのわがままを聞いてあげることで心が満たされるはず。ただし、お世話しすぎて、相手を甘えん坊にしてしまいがちなので注意。

相性がいい有名人

井ノ原快彦（ぞう）にとって
刺激的な存在の瀬戸朝香（さる）?!

友情の相性

ぞう

似たもの同士、価値観を共有できるから気が合うはず。さらに仲を深めたいのなら、一緒に映画を観に行くと、感想で意気投合して盛り上がりそう。

かば

面倒見がいいぞうさんがいろいろ教えてくれることが、勉強熱心なかばさんにとって有意義で楽しい時間に。年の差がある相手との友情も成立しそうです。

うさぎ

どこか繊細なうさぎさんは、世話焼きなぞうさんにとって放っておけない存在。そしてうさぎさんも、気にかけてくれる優しいぞうさんのことが大好きな関係に。

相性がいい有名人

SAKURA（LE SSERAFIM）（ぞう）と矢吹奈子（うさぎ）は
同じグループ（元HKT48同士）ではなくなった今も仲良し。

仕事の相性

とら

他人の言うことを聞くのが苦手なぞうさんですが、とらさんのアドバイスならすんなり納得できそうです。上司がとらさんだと、職場の人間関係も上手くいきそう。

ねこ

アイデアマンのねこさんは、チームに一人はいてほしい存在。ぞうさんの凝り固まってしまいがちな頭を、ねこさんの斬新な発想がほぐしてくれるはずです。

ぱんだ

責任感でやりきるぞうさんと、「初代運」を持っているぱんださん。新しいビジネスやプロジェクトを立ち上げるパートナーになると、大成功の予感。

相性がいい有名人

共演も多い有吉弘行（ぞう）と
マツコ・デラックス（とら）は仕事の相性バッチリ。

うさぎ

みんなとの相性は……？

TOP 1

ぞう

努力を支えてくれるメンタルサポーター

完璧主義なうさぎさんには、ときに神経質で精神的に不安定になりやすい一面があります。そんなときは、安定感バツグンのぞうさんがメンタルサポーターとして支えてくれることで、実力を思いっきり発揮することができるように。不安なことがあったら、こまめに相談してみましょう。頼もしいアドバイスに、きっと勇気をもらえるはずです。ぞうさんは誰かの力になれることに喜びを感じるタイプなので、感謝を伝えることを忘れずに。

弱みを見せられる数少ない相談相手

普段からあまり他人に相談したり弱みを見せたりしないうさぎさんですが、ひつじさんにだけは本音を打ち明けられるかも。どんな悩みも決して否定せずにそっと包み込んでくれるので、安心して話ができるのではないでしょうか。ただ、優しさに甘えすぎて、図々しくなりすぎないよう注意です。ひつじさんは誰とでも分け隔てなく付き合えますが、依存されることが苦手なので、あまりに頼りすぎると離れていってしまうかもしれません。

自分を買ってくれるありがたい先輩

面倒見が良くて情にもろいかばさんが先輩や上司にいる場合、うさぎさんの目標に向かって切実に努力している姿に感心して、目をかけてくれていそうです。かばさんは誰かを成長させることに喜びを感じるタイプでもあるので、うさぎさんが活躍できるチャンスをくれたり、周りにいい評判をアピールしてくれたり、いろんなありがたいサポートをしてくれるでしょう。同世代でも、頼りがいのある仲間としてしっかりと支えてくれます。

うさぎ

弱点を補完し合える Win-Win な関係

臆病で慎重なうさぎさんとせっかちで大雑把ならいおんさんは、対照的な性格ですが、弱点を補い合うという意味で相性バッチリです。慎重なうさぎさんの背中をらいおんさんが大胆に押してくれたり、らいおんさんのうっかりミスをうさぎさんがちゃんと気づいてフォローしたり。お互いに助け合って生きていけるでしょう。

正反対だからこそ発揮できるチームプレー

未知の場所に続く石橋があったら、ぶっ壊す勢いで先陣を切って渡る、怖いもの知らずのわにさん。わにさんがたどり着いて安全だと判断できたら、壊してしまった石橋を直して叩いて、みんなが安全に渡れるようにするうさぎさん。正反対な組み合わせだからこそ生まれる、そんなナイスなチームプレーもあるのです。

輝かせたくなるすごいオーラの持ち主

少し近寄りがたいほどの迫力と独特のオーラを放っているとらさんは、うさぎさんにとって憧れの対象になりやすいのかも。そんな憧れの気持ちから何かと手助けをしますが、向上心のあるとらさんは、うさぎさんのサポートの効果がとくに現れやすい相手でもあるので、とらさんを輝かせる究極のサポーターになれそうです。

ねこ

プロデュースしがいのある将来有望な人材

確固たる「自分」を持っているところが魅力でもありますが、周りから誤解されやすいところもあるねこさん。客観的な視点を持つうさぎさんがプロデュースしてあげることによって、もっと人気者になれるはず。うさぎさん自身も、敏腕プロデューサー的ポジションで、才能を生かすことに喜びを感じられるでしょう。

何かと頼りにしてくれる可愛い弟分

基本的に目の前のことしか見ていないさるさんは、とくに進路や将来のことで悩んだとき、先見性のあるうさぎさんのことを頼りにしてくれるでしょう。心がピュアなさるさんは素直にアドバイスを聞いてくれるので、誰かの役に立つことが好きなうさぎさんの心も満たされて、意外とWin-Winな関係が成り立つかもしれません。

さる

ひよこ

甘え上手だからついつい面倒を見てしまう

うさぎさんは面倒見の良いタイプなので、どこか憎めないひよこさんを「なんか放っておけない」と思っているのではないでしょうか。しかもひよこさんは甘え上手なので、大変なお願いでもなんとかして聞いてあげたくなってしまいます。ただの都合のいい相手にならないように、良い距離感を意識しておきましょう。

うさぎ

フェアに戦える 最高のライバルに

どちらも上昇志向が強いので、切磋琢磨して高め合っていけそうです。お互いに相手を蹴落として自分が優位になろうというような戦い方は好まないので、良いところも悪いところも学び合える相手として、戦略的ライバル関係を結ぶといい関係性に。負けず嫌い同士なので、一人で頑張るより何倍も速く成長できるでしょう。

年齢や立場が近いと ぶつかってしまうことも

戦略的なところがあるうさぎさんは、何か物事を進めるときに、まず自分なりの作戦を立てるのですが、同じチームにうさぎさんが複数人いるとちょっと厄介。お互いに主導権を握りたがるので、どっちの作戦に乗るかで揉めてしまいそうです。とくに年齢や立場が近いと、一歩も譲れずに膠着《こうちゃく》してしまうことも。相手へのリスペクトを忘れずに。

チームのバランスを 安定させてくれる存在

友達同士のグループでも仕事のチームでも、方向性を決める立場になりやすいうさぎさん。みんなをまとめようと頑張るあまり、無理に従わせようとして反感を買ってしまうことも。そんなときにぱんださんがいてくれると、うさぎさんの気持ちも汲みつつ、和やかなムードをつくってくれるので、とっても助かるでしょう。

COMPATIBILITY : RABBIT

恋愛の相性

ぞう

安定感バツグンのぞうさんは、精神的に辛いときに思いっきり頼っても大丈夫な相手です。メンタル面でうさぎさんを支えてくれるパートナーになってくれそう。

きりん

計画性があるところが似ていて、お互い合理的に考えて付き合うタイプ。一方的な愛ではなく、メリットを与え合うことができれば、長く付き合っていられるでしょう。

ひつじ

ひつじさんは、うさぎさんにないものをたくさん持っている存在。一緒にいるだけで、新しい気づきを得ることができるので、どんどん成長していけるはずです。

相性がいい有名人

福山雅治（うさぎ）と吹石一恵（ひつじ）は
それぞれ自立し高め合える関係！

友情の相性

きりん

スピード感覚が同じなので、長時間一緒にいてストレスを感じることがないでしょう。ぶつかることもあるかもしれませんが、譲り合いの気持ちを持てば、大丈夫。

らいおん

慎重なうさぎさんと大胆ならいおんさんは対象的な性格。ですが、スピード感が合致するので、お互い気持ちが乗ったときはとても良い流れをつくることができるでしょう。

ぱんだ

利他主義なぱんださんは、うさぎさんが困っていると、すぐに気づいて声をかけてくれる存在。年上のぱんださんと仲良くなるのも、いろいろ学べてオススメです。

相性がいい有名人

親友同士と言われる星野源と生田斗真は
うさぎとらいおん！

仕事の相性

ねこ

すごいポテンシャルを秘めているねこさんは、うさぎさんが方向性を示してあげることで、とてつもない成果を出すことができるはず。後輩にいたら要チェックです。

とら

何事にも邁進するとらさんと、段取り上手なうさぎさんが手を組めば、夢のようなワクワクすることが実現できそう。最高のビジネスパートナーにもなれるでしょう。

らいおん

少しのミスで落ち込んでしまううさぎさんに、過去を引きずらずに、目の前の課題に全力投球する大切さを教えてくれる存在。良き相談相手にもなってくれるはず。

相性がいい有名人

高橋みなみ（うさぎ）と柏木由紀（ねこ）は
AKB48 時代の先輩＆後輩！

わに

みんなとの相性は……?

ありのままの自分を表現できる大事な相手

クールさとおおらかさを持ち合わせたひつじさんは、わにさんの型破りなところを全肯定してくれる存在。しかも、本来ひつじさんは柔軟な思考の持ち主なので、無理に合わせているわけではなく、本心で「それもありだよね!」と認めてくれているでしょう。そもそも誰かに否定されても己を貫くスタンスのわにさんですが、そんなひつじさんの前では、いつも以上に自分自身を表現できるのです。

ホッと安心できる親子のような関係に

基本的に忙しく動き回っているわにさんにも、ときどき心の休息が必要です。ちょっと頑張りすぎて疲れてしまったとき、いちばんに会いたくなるのは、母のように優しく抱きしめてくれるぞうさんなのではないでしょうか。ですが、時間の感覚は正反対なので、たまに価値観がずれることも。何をするにも一緒の「親友」というよりも、離れていてもつながっている「親子」のような、信頼関係が築ける相手です。

同じペースで生きられる良きパートナーに

時代の最先端で「今」を生きているわにさんと、周りの3倍の速さで生きているらいおんさんは、スピード感覚が似ているので、ずっと一緒にいてもストレスなく過ごせるでしょう。生活のタイミングも合いやすいので、パートナーとしての相性もぴったりです。お互いに攻撃的なところがあるので、ケンカになることも少なくないかもしれませんが、サバサバしている同士でもあるので、そんなに長引くことはないでしょう。

わに

似たもの同士
ぶつかることもあるけれど

お互いに強い個性を持っていて、なおかつ自己主張があるタイプなので、ぶつかりやすいかもしれません。ときにお互いをライバル視してしまうことも。ですが、本来同じような価値観で生きているので、何かのきっかけで意気投合したら、ふつうの３倍のスピードで仲良くなっていける相手でもあります。

忘れがちなことに
ふと気づかせてくれる

なんでもスピーディーにパパッと片付けてしまうわにさんには、きちんと物事を進めたいかばさんを、もどかしく感じてしまうことも。ですが、すごい速さで進めていると見落としがちな、細かいけど大切なことや周りの人の気持ちを、かばさんは大事にしているのです。一緒にいると、そんなことに気づかせてくれるでしょう。

インスピレーションを
与えてくれる存在

基本的に己のセンスに頼って生きているわにさんは、周りの人の言うことにはあまり影響されないタイプですが、とらさんの考え方には学ぶことが多そうです。洞察力に優れているとらさんのアイデアは、直感力を強みとするわにさんとはまったく別の発想で生まれるので、新しいインスピレーションを与えてもらえるはず。

COMPATIBILITY : CROCODILE

ねこ

独自の視点に学ぶことがたくさん

自分を持っているという共通点がありますが、思いが強すぎて相容れないことも。ですが、ぶつからないようにそーっと歩み寄ることができれば、相手のオリジナルな視点から、いろんな気づきを得ることができそうです。それぞれがハッキリとした意見を言うので、どんなトークテーマでも刺激的な議論になるでしょう。

話題のあれこれを一緒に楽しんでみて

旬のイベントが大好きなわにさんと、楽しいことに目がないさるさんは、おでかけの相性バツグン。話題の場所や流行りのグルメを、同じ熱量でエンジョイしてくれる相手は貴重です。さるさんはとにかくフットワークが軽いので、遊びの誘いにはだいたい二つ返事でOKしてくれるでしょう。ヒマなときは、まず連絡してみて。

さる

好奇心旺盛なところで意気投合できるかも

ひよこ

わにさんとひよこさんは、例えるなら俳優とアイドルのようにキャラのベクトルが違うので、同じクラスにいたとしても、自然に仲良くなるタイプの組み合わせではないかもしれません。ですが、好奇心旺盛という共通点があるので、ワクワクするような遊びに誘ってみると、「意外と気が合う〜!」なんて距離が縮まるきっかけに。

わに

きりん

感覚派と頭脳派が手を組んだら強い

カンのいいわにさんは、つい自分の感覚だけを頼りにしてしまいがち。なんとなく上手くいくこともあれば、適当すぎて失敗してしまうことも。そこに合理的なきりんさんのサポートが加われば、どんな計画も実現できる可能性が高まるはず。わにさんに足りないところを補ってくれる、とっても頼もしい存在です。

真逆な性格だからこそ必要不可欠な相棒に

石橋があったら、ぶっ壊す勢いで駆け抜けるわにさんと、何度も叩いてから渡るうさぎさん。正反対な組み合わせだからこそ、助け合える場面もたくさん。わにさんが見落としている問題に、うさぎさんが気づいてくれたり。怖気づいているうさぎさんの背中を、大胆なわにさんが押してあげたり。意外とナイスコンビです。

うさぎ

隣にいてくれると思いっきり輝ける

ぱんだ

大勢で集まっている場面で、いつの間にか自分ばっかり話してしまっている……なんてこともあるわにさん。そんなとき、回し上手なぱんださんが隣にいてくれれば、悪目立ちすることなく自然に輝けるでしょう。しかも、どんな話題もちゃんと盛り上げてくれるので、安心して思いっきり楽しむことができるのです。

COMPATIBILITY : CROCODILE

恋愛の相性

とら

とらさんの夢を一心不乱に追いかけている姿が、カッコよく見えるでしょう。束縛や依存される可能性も低いので、自由を愛するわにさんにぴったりな相手です。

ねこ

なかなか自分の思い通りにならないねこさんは、わにさんにとって追いかけがいのある存在。飽きっぽいので、振り回されるくらいがちょうどいいのかもしれません。

ひつじ

ひつじさんは、どんなわがままにも付き合ってくれる相手。しかも嫌々ではなく、わにさんの望みを叶えることに喜びを感じてくれるので、大切に。

相性がいい有名人

いつまでも仲良さげな松嶋菜々子（わに）と反町隆史（ねこ）は好相性。

友情の相性

らいおん

時間の感覚が似ているので、何日間も一緒に過ごす旅行だって、イライラすることなく楽しめるでしょう。ずっと無言でも平気でいられるような、ラク〜な関係に。

わに

とにかくトレンドに敏感で、センスに自信があるもの同士。流行りのブランドやスポットで、お互いおしゃれに楽しんでみるとかなり盛り上がりそうです。

ぞう

ゆったりと優しいぞうさんは、遊ぶ楽しい友達というより、一緒にいると落ち着く関係に。困ったときに、いちばん親身に相談にのってくれるでしょう。

相性がいい有名人

お互いの才能を認め合う山田孝之と佐藤健はわに同士！

仕事の相性

ぱんだ

ワンマンになりがちなわにさんの周りの人間関係を、ぱんださんが上手くつないでサポートしてくれるでしょう。同じチームにいてくれたら心強そうです。

ひつじ

正義感が強いわにさんが誰かと闘ってしまったとき、どんな人とも仲良くできるひつじさんがその場を丸く収めてくれるでしょう。そんなときは、感謝を忘れずに。

きりん

お互いにテキパキと物事を進めたいタイプ。仕事のパートナーとして手を組めば、わにさんのセンスときりんさんの頭脳で、ゴールに最短ルートでたどり着けそうです。

相性がいい有名人

前田敦子（わに）と高畑充希（ぱんだ）は仕事仲間でよく集まっているそう。

ひよこ

みんなとの相性は……?

TOP 1

ひつじ

無条件に愛してくれる居心地のいい相手

一人ぼっちになることが大嫌いなひよこさんは、どんなときも居場所になってくれるひつじさんが大好き。そもそもひつじさんは、ポツンと寂しそうにしている人を放っておけない性分。その優しさに助けられることも多いはず。ただ、相手への愛情が溢れるとわざと冷たい態度をとってしまう不器用なところがあるので、素直なひよこさんは寂しさを感じてしまうかもしれませんが、嫌われたわけじゃないということを覚えておきましょう。

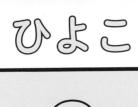

一緒にいるだけで なぜか笑いが絶えない

生まれながらの陽キャなさるさんと、生まれたてのように天真爛漫なひよこさんが集まれば、この上なくにぎやかな空間が生まれます。面白いと感じるポイントが同じなので、くだらない会話もなぜかとっても楽しく思えるはず。褒め合ったり、ツッコミ合ったりしているうちに、あっという間に日が暮れてしまうでしょう。なんだか気分が上がらないときも、さるさんに会いに行けば、たくさん笑って元気になれそうです。

マイペースな言動に 上手に合わせてくれる

縛られるのが苦手で、とにかくマイペースに生きていたいひよこさんは、相手によっては自分勝手だと思われてしまうことも。ですが、誰にでもテンションやペースを器用に合わせられるぱんださんなら、そんなひよこさんにもイライラせずにニコニコ付き合ってくれるでしょう。怒られるのも嫌いなひよこさんにとって、ずーっと穏やかなぱんださんは、安心して一緒にいられる相手でもあります。その寛大さに感謝して、大切にしましょう。

ひよこ

ぜんぜん違うけれど きっかけさえあれば

カッコいい雰囲気のらいおんさんと、無邪気で可愛いひよこさん。お互いにぜんぜん違った性質や価値観を持っているので、出会ってすぐに意気投合するのは難しいかも。ですが、楽しいことが好きという共通点があるので、何かワクワクすることを見つけたら教えてあげると、それをきっかけに話が盛り上がって仲良くなれそう。

仲良くなるための キーワードは好奇心

周りから憧れられるカリスマタイプのわにさんと、可愛いらしさで愛されるアイドルタイプのひよこさん。キャラの方向性が違うので、同じクラスにいても自然に仲良くなることはないかも。ですが、好奇心旺盛という共通点があるので、楽しい遊びに誘ってみると、意外と気が合うことが判明するかもしれません。

尊敬はしているけど 絶対になれない存在

やらなきゃいけないことを後回しにして、やりたいことを優先してしまうひよこさん。真面目にコツコツ物事に取り組むぞうさんのことを、すごい！ と尊敬しつつも、自分には絶対に真似できないと思っているのではないでしょうか。ですが、ぞうさんは逆に、ひよこさんの無邪気さをうらやましく思っているかもしれません。

頼りまくっちゃってごめんなさい

かば

プレッシャーが苦手なひよこさんは、何か重大な役割をお願いされると、人一倍責任感が強いかばさんに甘えて押し付けてしまうことも。ですが、世話焼きなかばさんは、そんなひよこさんの面倒を見ることが決して苦ではないので、感謝を伝えることさえ忘れないようにすれば大丈夫。上手に頼っていきましょう。

こだわりの強さにびっくりすることも

ひよこさんの愛嬌は、ストイックなとらさんをも笑顔にしてしまう力があります。ただ、ひよこさんは何事も風まかせに考えられる臨機応変なタイプなので、とらさんのこだわりの強さと頑固さにはときどき面倒くさくなってしまうかも。そんなときは、その固執ぶりは真剣さの表れなのだと理解してあげてください。

とら

ロマンチストなところに憧れたりもするけれど

ねこ

常に目の前のことを見ているリアリストなひよこさんにとって、将来の夢や目標を見つめているロマンチストなねこさんの人生は、輝かしく映るのかもしれません。ですが、飽きっぽいひよこさんがそれを真似しようとしても難しいので、自分らしく過ごすのがいちばん。お互いの生き方を認め合えると、いい関係になれそうです。

ひよこ

オープンマインドで無邪気にはしゃげる

感情をコントロールすることのない素直なひよこさん同士は、子どものように無邪気にはしゃげるでしょう。喜怒哀楽をストレートに表現するので、お互いに付き合いやすいはずです。ときにはケンカもするかもしれませんが、原因はきっと些細なこと。ケロッと仲直りできそうなので、深刻に悩む必要もありません。

調子に乗りすぎたら怒られちゃうことも

子どものように無邪気になついてくれるひよこさんを、きりんさんは愛すべき憎めない人と感じるようです。ですが、調子に乗りすぎないように注意が必要。きりんさんは自分のペースや段取りを崩されると、ものすごくストレスを感じるタイプなので、あまりに自由奔放に振る舞っていると怒られてしまうかもしれません。

よくかまってくれる世話焼きの先輩

世話焼きなうさぎさんにとって、愛嬌のあるひよこさんは、どうしても放っておけない可愛らしい存在。何かと気にかけて、面倒を見てくれるはずです。うさぎさんはそもそも誰かをサポートすることが好きなタイプなので、思う存分甘えてしまっても大丈夫。むしろ、頼ってくれるひよこさんを愛らしいと思ってくれるでしょう。

COMPATIBILITY : CHICK

恋愛の相性

きりん

なかなか決められないひよこさんと、なんでも自分で決めたいきりんさんは好相性。行く場所も、食べるごはんも、ぜんぶ決めてくれるのでとっても楽です。

ひつじ

優しく受け入れてくれるひつじさんは、自分に正直なひよこさんに尽くしてくれる恋人に。どんな悩みもきちんと聞いてくれるので、生涯のパートナーにもぴったりの相手かも。

さる

とにかく気が合うので、一緒にいると時間があっという間に過ぎてしまいます。ラブラブな関係というより、いつまでも親友のようなカップルでいられそうです。

相性がいい有名人

年上の小雪（きりん）が年下の松山ケンイチ（ひよこ）をリードするようなカップル!?

友情の相性

ひよこ

お互いとっても素直なので、子どもみたいにケンカをしてもすぐ元通りに。それを繰り返して、なんでも遠慮せずに言い合える、気の置けない仲になれるでしょう。

さる

ワクワクすることが大好きなので、楽しい遊びに誘い合うことが仲良しへの近道です。共通の趣味を見つけると、一気に盛り上がって距離が縮まるかもしれません。

きりん

基本的に行きあたりばったりなひよこさんは、遊びの予定を立てるときは、計画性バツグンなきりんさんにお任せ。当日、全力で楽しませる役割を担いましょう。

相性がいい有名人

家族ぐるみで仲良しという板谷由夏（ひよこ）と藤木直人（きりん）。

仕事の相性

らいおん

主義主張が強いらいおんさんは、ひよこさんにとってちょっと手強い存在。その分、切磋琢磨しがいがあるので、一緒にいることで成長させてくれるはずです。

とら

やる気満々だけど一人で突っ走ってしまいがちなとらさんを、ひよこさんが上手く周りと調和させてあげると、最高のコンビネーションで上手くいきそうです。

ぞう

持ち前の愛嬌とノリで周囲を引き込むひよこさん。もしリーダーとなる場面があったら、安定感のあるぞうさんがチームに加わってくれたら心強いでしょう。

相性がいい有名人

共演が多く仲も良い吉瀬美智子（ひよこ）と長谷川京子（とら）は女優で母という共通点も。

ひつじ

みんなとの相性は……？

TOP 1

ぱんだ

分かる〜と共感の嵐で話が尽きない

どちらも共感性が高いので、初対面でもあっという間にお互いを受け入れて、深く理解し合える関係を築いていけそうです。些細な会話の中にも「分かる〜！」というポイントがたくさんあって、まるでもう一人の自分と話しているような感覚になることもあるのではないでしょうか。日頃はどんなグループの中でも、人間関係の調整役としての役割を果たそうとしますが、ぱんださんの前では、素顔の自分を出しやすいのかもしれません。

TOP 2 うさぎ

自分にだけ弱みを見せてくれる

完璧主義なうさぎさんが、悩みを一人で抱え込んでしまっていることに気づいてあげられるのは、きっとひつじさんしかいません。うさぎさんは、そんな優しさに心を開いて、ひつじさんにだけは胸の内を打ち明けてくれるでしょう。もし相談されたときには、たとえうさぎさんに非があっても決して否定から入らずに、最後まで聞いて受け止めてあげてください。そうすれば、いつの日にか強い絆が生まれているはずです。

TOP 3 わに

ひと味違う才能にいち早く気づける

とっても柔軟な思考を持っているひつじさんは、人によっては非常識だと感じることもある、わにさんの型破りなところを面白がることができるタイプ。だから、周りが気づいていないわにさんの才能に、いち早く気づくことができるのです。しかも順応性があるひつじさんは、スピードが速すぎて個人プレーになりがちなわにさんのペースにも上手に合わせていけるので、才能を大きく開花させるのに一役買うことができるでしょう。

ひつじ

褒めて褒めて ごきげんにしてあげて

どんな人に対しても共感してあげられるひつじさん。褒められたら伸びるらいおんさんのキャラクターを生かすことができるでしょう。影響力のあるらいおんさんがごきげんになると周りの人たちも幸せになるので、それを念頭に置いて積極的に褒めてあげるのも、人間関係を潤滑に回すコツになりそう。

距離感を意識して 役割分担をしっかりと

ひつじさんもぞうさんも、誰かの役に立つことに生きがいを感じているので、ちょっと役割が被ってしまっているのです。ひつじさんとぞうさんが同じチームにたくさんいると、持ち前の優しさを思う存分発揮できなくて不完全燃焼に。ほどよい距離感をキープしつつ、それぞれの役割をあらかじめ分担しておくのが良さそうです。

得意の読心術が なかなか通じない相手

ひつじさんが良かれと思ってしたことがそれほど的を射られなかったり、思いもよらないタイミングで怒らせてしまったり。本来は人の感情を読み取ることが得意なひつじさんだけに、そんなかばさんに対してはちょっと苦手意識を持ってしまうことも。ですが、きちんと距離感さえ保てれば、いい関係でいられるはず。

上手にコントロールすれば最高の仕事ができる

とら

何事にも思いが強いとらさんは、頭も良くて主張も強いので、周囲からは怖がられてしまいがち。ですが、ひつじさんだけは、その強い意見もやんわりと意見し、上手にコントロールすることができるはず。職人気質なとらさんに最後まで付き合うにはひと苦労ですが、出来上がったものの素晴らしさに感動するでしょう。

一匹狼でいる姿がつい気になっちゃう

物事の本質を追求したいもの同士、そもそも話せばとっても盛り上がる関係性。そして一人ぼっちな人を放っておけない性分のひつじさんは、思いが強すぎて、周りからちょっと距離を置かれてしまいがちなねこさんのことが、常に気になってしまいます。人間関係をサポートしてあげると、とっても感謝してもらえそうです。

ねこ

深読みする必要がないから気楽でいられる

さる

日頃は人間関係の中で相手の感情を深く観察しながら付き合っているところがあるひつじさんも、素直で無邪気なさるさんの前では、余計な神経を使う必要がないのです。お互いリラックスできるでしょう。とにかく気楽に一緒にいられるので、パートナーなどの親しい関係に、さるさんを選ぶのもオススメかもしれません。

ひつじ

ひよこ

可愛らしい存在自体に癒やされまくり

ひつじさんは、ふわふわしながらも愛嬌のあるひよこさんの、存在自体が好きなのではないでしょうか。そして寂しがりなひよこさんの居場所になってあげることに、喜びを感じることができるはず。ただ、ひつじさんは相手への愛情が溢れすぎると冷たい態度をとってしまうところがあるので、悲しませないように気をつけて。

手伝ってあげすぎると逆効果だから注意

人のためにしてあげることが大好きなひつじさんは、自分のサポートによってどんどん成長してくれるきりんさんには、尽くしがいを感じるでしょう。ただ、親しき仲にも礼儀ありの距離感であれば心配はいりませんが、近すぎる関係である場合は、なんでもやってあげすぎて相手をダメにしてしまわないように注意して。

きりん

ひつじ

普段は隠しているところもつい見せてしまうかも

相手が同じひつじさんだと、飾らない本当の自分を出すことができるはず。反面、普段は上手く隠せているイヤな部分を露呈してしまうかもしれません。ケンカが起きることもありそうですが、そこは「調和」を得意とするもの同士、謝ったほうがいい場面ではすんなり素直に謝れるので、すぐにでも仲直りできるでしょう。

COMPATIBILITY : SHEEP

恋愛の相性

ひつじ

同じような価値観を持っているので、そもそも友達としての相性バツグン。さらにお互いに恋愛感情を持ったら、すごいスピードで関係が発展していくかも。

ぱんだ

どちらも人間関係は得意なのに、恋愛になるとちょっと下手くそという可愛い共通点が。同じペースで進んでいけるので、どちらかが焦らなければ上手くいきそう。

ひよこ

仕事は飄々とこなすけれど、実はプライベートで悩みがちなひつじさん。無邪気で楽観的なひよこさんと一緒にいるだけで、癒やされて前向きになれるでしょう。

相性がいい有名人

田中将大（ひつじ）と里田まい（ひつじ）は友達としても相性バツグンな二人。

友情の相性

きりん

同じ目標を持つことで、お互いにどんどん高め合える関係。ベタベタした友達付き合いじゃなくて、たまに会って何時間も話すような距離感がベストかも。

うさぎ

優しいひつじさんは、うさぎさんにとって特別頼れる相手に。とくに年下のうさぎさんの面倒を見てあげると、本当の兄や姉のように慕ってくれるでしょう。

かば

何事にもじっくり向き合うかばさんは、ひつじさんのうっかりしがちな部分をケアしてくれます。距離感さえ気をつければ、いい信頼関係を築くことができそうです。

相性がいい有名人

仲睦まじい姿を度々 SNS で見せてくれる中尾明慶（ひつじ）&仲里依紗（うさぎ）。

仕事の相性

ねこ

誤解されがちなねこさんの実力を最大限に引き出せるのは、きっとひつじさんしかいません。部下にねこさんがいるなら、上手に導いてあげると良いでしょう。

とら

自己主張の強いとらさんも、ひつじさんの意見にはちゃんと耳を傾けてくれるので、なんでも言い合える関係に。問題が発生しても、建設的な議論で突破できそうです。

ぱんだ

優れた共感力を持っているもの同士、ものすごいスピードで、かつ高い解像度で意思疎通できるので、どんな仕事もサクサク進められるはずです。

相性がいい有名人

乃木坂 46 の与田祐希（ひつじ）と梅澤美波（ぱんだ）は3期生同士、切磋琢磨して活動中！

ねこ

みんなとの相性は……?

TOP 1

きりん

野望を叶えるために必要不可欠なブレーン

冷静なきりんさんと、情熱的なねこさんは、正反対な性質を持っているけど相性バツグン。きりんさんは、ねこさんのロマンチストなところを、自分にはない素敵な魅力だと感じてくれているはず。そんなねこさんの夢や野望は、秘書的なポジションで輝くきりんさんのサポートがあれば、一気に実現の可能性が高まるでしょう。目の前のことに囚われがちなねこさんに、常に俯瞰的なアドバイスをしてくれる、とっても頼もしい存在です。

TOP 2

名プロデュースで
高みへ連れて行ってくれる

周りとのチームワークをあまり気にしないタイプのねこさんですが、もっと上に行きたい！ 早く目標を実現したい！ と思っているのなら、周囲の協力が必要不可欠です。そんなときは、うさぎさんのプロデュース能力を頼ると良いでしょう。単独行動になりがちなねこさんに、頼れる仲間をキャスティングしてくれたり、具体的な計画を立ててくれたりするはずです。うさぎさんも、ねこさんをプロデュースするのを面白がってくれるでしょう。

うさぎ

TOP 3

さる

みんなの輪に入れてくれる
一人ぼっちの救世主

堂々としているように見えて、実はかなり人見知りなねこさんは、大勢の集まりの場では、一人ぼっちになっていると感じることもしばしば。そんなとき、根っからの陽キャなさるさんがいれば、明るく声をかけながらねこさんの手を引っ張って、盛り上がっているみんなの輪に入れて、楽しませてくれるでしょう。遠慮してもグイグイ誘ってくれるのですが、プライドもちょっと高めなねこさんにとっては、その強引さがありがたいのです。

ねこ

自分にはないものをお互いに持っている相手

らいおん

人一倍細かいことに気がつくねこさんは、大胆で大雑把ならいおんさんの行動にヒヤヒヤすることが多いかも。ですが、らいおんさんとねこさんはお互いに自分にはない魅力を感じているはずなので、その「違い」を面白がることができれば、ずっと一緒にいても飽きず、いろんな刺激を与え合えるいい関係になれそうです。

オリジナルな価値観に思わずハッとさせられる

わに

ねこさんとわにさんには、確固たる自分を持っているという共通点があります。ただ、お互いに自己主張が強すぎてぶつかってしまうことも。自分とは違う意見も柔軟に受け入れられるようになれば、相手のオリジナルな価値観から、たくさんの新しい気づきを得ることができそうです。楽しい議論の相手になってくれるでしょう。

心から信頼し合って本音を打ち明けてみて

ぞう

自分の気持ちに嘘がつけないねこさんと、正義感が人一倍強いぞうさん。どちらもちゃんと本音で話すタイプですし、そのことがお互いに感じられるはずなので、心から信頼し合える関係性になれそうです。ねこさんにとって、意見を合わせてくる人よりも、意見が食い違っていてもぶつけてくる人のほうが信じられるのです。

かば

嘘が嫌いなもの同士誠実なパートナーに

誠実であることを大切にするかばさんは、ねこさんの社交辞令が苦手なところをポジティブに捉えてくれるはず。あまり人に頼らないかばさんですが、ねこさんには大事な相談もしてくれるかも。大胆な決断力があるところも似ているので、ビジネスのパートナーとしても、信頼の置けるありがたい相手になるでしょう。

一度親しくなれば一晩中深い話ができる仲

お互いに物事の本質を考えるところがあるので、かなり話が合うはず。夢や人生についても真剣に語れるような、上辺だけじゃない関係になれそう。ですが、どちらもかなり人見知りで、愛想がいいタイプではないので、仲良くなるには何かきっかけが必要かもしれません。ちょっと勇気を出して、自分から一歩近づいてみましょう。

とら

ねこ

どんなに一緒にいてもご機嫌でいられる

いろんなことに人一倍早く気がついてしまうねこさんは、ズボラだったり鈍感だったりする人と一緒にいると、ついイライラして疲れてしまいます。敏感レベルが同じねこさん同士ならそういったストレスも少ないので、長時間そばにいても機嫌よくいられそうです。一緒に旅行に行く相手としてもベストかもしれません。

ねこ

イライラさせられても結果的に許してしまう

ひよこさんは、とにかく憎めない存在。普段は自分にも他人にも厳しいねこさんですが、ひよこさんのことだけはなぜか大目に見てしまう……なんてことも多いのでは。おっちょこちょいなところに呆れても、優柔不断なところにちょっとイライラしても、無邪気な瞳に見つめられると、最終的には許してしまうのです。

隠している寂しさにそっと気づいてくれる

単独行動が好きで、自己主張も強いので、周りから怖がられてしまうこともあるねこさん。実はちょっと寂しく思っているのではないでしょうか。ひつじさんはねこさんのそんな思いに気づいて、そっと寄り添ってくれるでしょう。誰とでも仲良くできるひつじさんは、周囲との関係性をつくるサポートもしてくれるはずです。

そのコミュ力がうらやましくなるときも

人見知りなねこさんは、大人数の空間がちょっと苦手。ですが、回し上手なぱんださんがそばにいてくれると、安心して話すことができるでしょう。誰とでも器用に付き合えるぱんださんを、うらやましく思うこともしばしば。ぱんださんも、そんなねこさんを放っておけないと感じていて、何かと面倒を見てくれるはずです。

COMPATIBILITY : CAT

恋愛の相性

きりん

情熱的なねこさんは、きりんさんの冷静でスマートなところに、自分にはない魅力を感じてキュンとしがち。とくに年上のきりんさんとの相性が良さそうです。

とら

四六時中一緒にいたり、ベタベタしたりするのが苦手という共通点があるので、ストレスなく付き合えそう。頻繁に連絡を取り合わなくても、信頼し合えるでしょう。

さる

神経質になってしまうことが多いねこさんですが、楽観的なさるさんがそばにいてくれるだけで、ふっと気持ちが楽になるはず。生涯のパートナーにもぴったり。

相性がいい有名人

藤原紀香（ねこ）と片岡愛之助（さる）は
パートナーとして最高の相性！

友情の相性

とら

何かに夢中になれるもの同士なので、同じ目標や趣味を一緒に突き詰める相手として最高です。サークルや部活仲間にとらさんがいると、アツい時間が過ごせそう。

ねこ

お互いマメなタイプではないので、頻繁に会わなくてもいいし、メッセージもすぐ返信しなくていい。そんな楽な距離感でいられるので、一生付き合える友達に。

らいおん

ちょっとクセが強いもの同士ですが、相手の考え方を面白がれると、一緒にいて最高に楽しい関係に。どんなテーマでも盛り上がって、話が尽きないでしょう。

相性がいい有名人

松本潤（ねこ）と小栗旬（らいおん）は
お互いの考えをリスペクトし合える最強バディ！

仕事の相性

ぱんだ

アイデアマンのねこさんと、物事を「はじめること」に向いているぱんださんは、一緒に新しいビジネスやプロジェクトをはじめるのなら、またとない相性です。

ひつじ

意見を押し付けられるのが大嫌いなねこさんも、ひつじさんの言うことなら、素直に受け入れられることも。仕事仲間に一人いてくれると、心強いでしょう。

ぞう

上から目線の意見には反発してしまうねこさんも、アドバイスされることは嫌いじゃないので、先生気質であれこれ諭してくれるぞうさんは上司にしたい存在です。

相性がいい有名人

BTS の SUGA（ねこ）と JIN（ひつじ）。
お兄さんの JIN が言うことなら素直に聞ける !?

きりん

みんなとの相性は……？

TOP 1

かば

計画性と責任感の素晴らしいケミストリー

人一倍優れた計画性を持つきりんさんと、人一倍強い責任感を持つかばさんは、お互いの特性を生かし合える間柄。協力し合えば、どんなことも乗り越えられるでしょう。きりんさんが先の先まで見据えた緻密な作戦を考え、かばさんが着実にクリアできていることを確認しながら進めるという、役割分担もばっちりです。一緒に目指せる大きな夢やゴールがあると、その化学反応はいっそう大きくなるでしょう。

TOP 2

足りないところを サッとフォローしてくれる

どちらかというと切れ味のある段取りでリーダーシップをとることが多いきりんさんは、まとめようと一生懸命になるあまり、周りに上から目線で指示してしまうことも。そのせいで空気がちょっと悪くなってしまうかもしれませんが、そんなときにぱんださんがいてくれると安心。持ち前の和やかさで、チームをあっという間にいい雰囲気にしてくれます。きりんさんの努力も理解してくれる、とってもありがたい存在です。

ぱんだ

TOP 3

コツコツ積み上げるもの同士 励まし合っていこう

ぞう

緻密な計画を立ててから実行したいきりんさんと、丁寧かつ誠実に作業をしたいぞうさんは、わりと仕事のスタイルが近いので、協力すればどんな難しい課題も問題なく進めることができそうです。「自分はすごいセンスを持った天才ではなく、真面目にコツコツやるしかない凡人だ」とお互いにどこか感じているところもあるので、頑張っているのになかなか成果につながらないような、もどかしい時期も励まし合える同志になれそうです。

きりん

らいおん

スマートな関係で スムーズに進められる

合理的でスマートなきりんさんと、頭の回転が速いらいおんさんは、スピード感覚が似ているので好相性です。お互い無駄なことが嫌いなので、一緒にいてストレスを感じることは少なそう。目の前のことに囚われてしまいがちならいおんさんは、視野の広いきりんさんの俯瞰的なアドバイスに助けられることも多そうです。

感覚派と頭脳派で 助け合える関係

合理的なきりんさんは、たまに常識に囚われてしまいがち。そんなとき、独自のセンスやトレンド感覚を持ったわにさんのアドバイスをもらうことで、解決につながるヒントや新しい気づきを得ることができそうです。逆に、わにさんがなんとなく思い描いているアイデアを、きりんさんの計画性で実現までサポートしてあげられることも。

わに

メラメラ燃える情熱を 応援したくなる

とら

現実主義でクールなきりんさんにとって、とらさんの燃え上がる情熱は、とっても美しいものに映るのではないでしょうか。そんなとらさんの夢や目標を、あの手この手で支えることに生きがいを感じられそうです。そしてとらさんは、そんなきりんさんにアツい思いを示してくれるので、大事なパートナーになれるはずです。

ねこ

冷静なアドバイスに感謝してもらえる

冷静なきりんさんと情熱的なねこさんは、真逆の性格。同じテンションで盛り上がれるような仲良しになるのは難しいかもしれませんが、きりんさんがねこさんをサポートする立場になると、相性はバッチリ。目の前のことに囚われがちなねこさんに、常に俯瞰的なアドバイスをしてあげることで、頼もしい存在になれるでしょう。

さる

悪気はないから最後には許せちゃう

自由奔放なさるさんのマイペースな行動に、きりんさんが完璧に考えた段取りを崩されて、イライラしてしまうことがあるかもしれません。ですが、さるさんには悪気など1ミリもないのです。優しく注意すれば、素直に謝ってくれるはず。そんな無邪気さもさるさんの魅力だと思って許してあげれば、すぐに和解できるでしょう。

ひよこ

なついてくれるどこか憎めない存在

子どものように無邪気になついてくれるひよこさんのことが、きりんさんは可愛くて仕方ないのではないでしょうか。きりんさんはもともと世話好きな性格なので、何かと面倒を見てしまいがちに。ただ、なんでもかんでもやってあげていると、ひよこさんの成長のチャンスを奪ってしまうこともあるので、甘やかすのもほどほどに。

きりん

きりん

仕切り屋さん同士
譲り合いの精神を

きりんさん同士、分かり合える部分もたくさんあるのですが、距離感を間違えるとお互いに悪影響を及ぼすこともあるので注意が必要です。ともに仕切りたがりなので、一緒のチームにいる場合は、どちらかの意見に従ったり、あらかじめ譲るポイントを押さえておいたりしたほうがいいかも。相手へのリスペクトは忘れずに。

切磋琢磨し合える
良きライバル関係

どちらも上昇志向が強いので、お互いに意識し合って切磋琢磨できそうです。年齢が近いと、なおさら良きライバルになれるでしょう。お互いに相手を蹴落として自分が上に立つような戦い方は好まないので、足りないところをアドバイスし合ってWin-Winな関係でステップアップできる関係を築くことができそうです。

うさぎ

ひつじ

本音を打ち明けたくなる
心のオアシス

普段はクールで完璧主義なきりんさんも、本当は悩みを洗いざらい打ち明けられる人がほしいのかも。そんなときに心を許せる相手が、ひつじさんです。きりんさんに寄り添って、煮詰まった部分をそっとほぐしてくれるでしょう。ただ、深い依存に耐えられるタイプではないので、ここぞというときに頼るようにしましょう。

COMPATIBILITY : GIRAFFE

恋愛の相性

かば

どんなときもどっしり構えているかばさんは、辛いときに思いっきり頼れる相手。とくに年上のかばさんは、きりんさんの精神的な支えになってくれるでしょう。

うさぎ

生き方や価値観に共感できるポイントが多いので、一緒にいてただ楽しいというだけではなく、お互いの心の奥まで深く分かり合える関係性になれそうです。

ぱんだ

自分に足りないものをたくさん持っているぱんださんは、一緒にいると自分がどんどん成長できると感じられる相手。お互いに自立しつつ、高め合えるでしょう。

相性がいい有名人

田中哲司（きりん）と仲間由紀恵（かば）の二人は恋愛相性◎。

友情の相性

うさぎ

お互いの時間の感覚が似ているので、一緒にいて心地よく過ごせるでしょう。意見が合わないこともありますが、そんなときは相手の話に耳を傾けてみて。

わに

本質的に大きく異なるきりんさんとわにさんは、友達のような距離感がベストかも。お互いに困ったときに手を差し伸べ合える関係性を築けると良さそうです。

ひつじ

利他主義なひつじさんは、きりんさんが困っていると、すぐに気づいて声をかけてくれる存在。年上のひつじさんと仲良くなるのも、いろいろ学べてオススメです。

相性がいい有名人

小嶋陽菜（きりん）と板野友美（わに）はAKB48を卒業した今も仲良し。

仕事の相性

とら

とにかく一生懸命なとらさんは、きりんさんが手伝ってあげると、すごいスピードで成果を出すことができるでしょう。部下にいたら頼もしい存在です。

ねこ

ねこさんの優れたアイデアを、きりんさんの素晴らしい計画性によって実現。仕事上の相性はバッチリなので、ぜひ一緒に事業を起こしてみてはいかがでしょう。

わに

視野が広すぎて、ついつい過去の失敗や未来の計画にばかり意識がいってしまいがちなきりんさんに、目の前の大事なことを気づかせてくれる重要なパートナーに。

相性がいい有名人

西野七瀬（きりん）と齋藤飛鳥（とら）は乃木坂46時代、Wセンターを務めたことも。

かば

みんなとの相性は……？

TOP 1

きりん

責任感と計画性のナイスコンビネーション

人一倍強い責任感を持つかばさんと、人一倍優れた計画性を持つきりんさん二人で力を合わせたらどんな目標も達成していけるナイスな相性です。きりんさんが先の先まで見通して綿密なプランを立てて、かばさんがその一つ一つを着実にクリアできていることを確認するという、それぞれの持ち味を生かした役割分担ができる、素晴らしいコンビネーション。さらに、共有できる夢や目標があると、その絆はいっそう強くなるでしょう。

TOP 2

らいおん

変わらない居場所になってあげられるかも

興味がコロコロ変わり、自分自身の価値観もどんどん変化していくらいおんさんにとって、何があってもブレない「自分」を持っているかばさんは、変わらない安心感のある実家のような存在かもしれません。人間関係において心のつながりを重視するかばさんにとって、そんな風に思われるのはこの上なく嬉しいこと。ただ、時間の感覚が違いすぎるので、いつも一緒にいると疲れちゃうことも。優しく見守るスタンスでいてあげましょう。

TOP 3

とら

努力家同士だからこそ分かち合える情熱

目標達成のためにコツコツ地道な努力ができるかばさんと、夢に向かって脇目も振らず一生懸命になれるとらさんは、どちらもトップレベルの頑張り屋さん。とはいえ、誰だって一人でストイックに頑張り続けることは大変です。かばさんととらさんは、お互いの努力を認め合い、ときに労《ねぎら》い合うことで、情熱の炎をもっと大きくすることができるでしょう。目指す場所が同じなら、良きライバルにもなれるかもしれません。

かば

悪気がないから
そっと気づかせてあげて

ゆっくり丁寧に物事を進めるかばさんから見て、とにかくスピード優先でパパッと片付けてしまうわにさんは、ちょっとがさつな印象かも。悪気はなくても、周りの人の気持ちを無視して進めてしまうことも。そんなときは勇気を出して注意してあげれば、まっすぐなわにさんは、気づかせてくれたかばさんに感謝するはずです。

白黒ハッキリしていて
付き合いやすい相手

なんでも白黒つけたがるかばさんにとって、イエスかノーかはっきり答えてくれるぞうさんは、気持ちよく話せる相手です。ただ、お互いに意見がはっきりしているので、ぶつからないような心遣いは必要です。もし相手の主張に納得できなくても、すぐに否定するのではなく、まずは受け入れて咀嚼《そしゃく》してみましょう。

お互い尊重できれば
信頼し合える関係に

何事もじっくりゆっくりという時間感覚も同じで、共感できる部分がたくさんあるでしょう。ただ、確固たる信念を持っているもの同士、それが食い違ってしまったときに、言い争いに発展してしまうケースも。お互いを尊重することを忘れさえしなければ、本音で語り合える貴重な存在になること間違いなしです。

ねこ

100%信頼できる 不器用なほどの正直さ

自分の感情に正直でいることを大切にし、口が裂けてもお世辞など言えないねこさんですが、誠実であることを求めるかばさんにとって、その正直さはむしろ好感が持てるポイント。大胆な決断力があるところも似ているので、ビジネスにおける重要な相談もできるような、信頼の置ける相手となるでしょう。

重～い腰を上げる きっかけをつくってくれる

他人の考えや環境の変化にほとんど影響を受けないかばさんですが、相手がさるさんとなると少し話が違うようです。おねだり上手なさるさんからの遊びの誘いには、つい二つ返事でオーケーしてしまい、知らない場所に連れて行かれることもしばしば。意外と楽しいことをするきっかけをつくってくれる、刺激的存在なのかも。

さる

ひよこ

何かと頼ってくれる 放っておけない後輩キャラ

プレッシャーが大の苦手なひよこさんは、かばさんの責任感の強さを見抜いて、何かと頼りにしてくるでしょう。もともと世話焼きなかばさんは、ついつい面倒を見てあげたくなってしまいますが、全部やってあげるのはひよこさんのためになりません。適度に助けつつ、そばで見守ってあげるのが良さそうです。

かば

上昇志向に共感できる見込みがある部下

目標に向かって堅実な努力を重ねてのし上がっていくタイプのかばさんは、うさぎさんの切実な上昇志向に共感できるでしょう。情にもろいところがあるので、部下や後輩にうさぎさんがいると、その頑張りがちゃんと報われるように、なんとか引き上げてあげたくなりそうです。素敵な関係が築けそうです。

掴みどころがないちょっと不思議な存在

人との調和を重んじるがゆえに、あまり自分の意見をはっきり言わないひつじさん。とにかく白か黒かはっきりさせたいかばさん的には、いまいち何を考えているか分からない相手かも。かといって問い詰めてしまうと、きっと怖がられてしまうでしょう。価値観は違えど、お互いのスタンスを尊重できるといい関係性に。

踏み込みすぎは禁物距離感を大切に

人の好き嫌いがはっきりしているかばさんからすると、誰とでも無難に付き合うぱんださんは八方美人に思えるかも。ですが、ぱんださんのような人がいるおかげで、人間関係が上手くいく場面がたくさんあるのも事実。それぞれの生き方を認め合って、適度な距離感を大切にしていれば、決して悪い相性ではありません。

COMPATIBILITY : HIPPO

恋愛の相性

ひよこ

好奇心旺盛なひよこさんと一緒にいると、一人では絶対にすることのなかった体験がたくさんできるはず。刺激的な人生のパートナーになってくれそうです。

さる

おっちょこちょいなさるさんは、危なっかしくて放っておけない存在。無邪気に甘えてくれるので、思う存分可愛がることができるでしょう。溺愛しすぎには注意を。

らいおん

愛されるより愛したいかばさんは、ちょっと自己中ならいおんさんに振り回されることに、充実感を覚えてハマってしまいそう。なんだか刺激的な恋になりそうです。

相性がいい有名人

賀来賢人（かば）＆榮倉奈々（さる）は相性ぴったり夫婦。

友情の相性

かば

価値観が合うもの同士、同じ時間を共有すればするほど、親友のような特別な関係になれそうです。お互いの趣味に誘い合うのも、友情が深まるのでオススメです。

ぞう

かばさんは学習意欲が高いので、教えたがりなぞうさんの先輩と仲良くなると、いろんな経験や知識を与えてもらえます。とても有意義な時間を過ごせそうです。

きりん

きりんさんがたまに見せる不器用な一面を、かばさんは可愛いと感じているのでは。何かと気にかけてあげることで、特別な信頼を寄せてくれるでしょう。

相性がいい有名人

BLACKPINKのLISA（かば）とJENNIE（きりん）は恋人同士のような仲の良さ！

仕事の相性

ねこ

洞察力に優れたねこさんからのアドバイスなら、頑固なかばさんもすんなり受け入れられそう。たとえ年下でも身近にねこさんがいると、ぐんぐん成長できそうです。

とら

常識に囚われてしまいがちなかばさんは、物事の本質を見抜くことに長けているとらさんのひと言に、ハッとすることが多そうです。困ったときは、相談してみて。

ひつじ

みんなをまとめるリーダー気質のかばさんと、場の空気を和ませるムードメーカーのひつじさん。どちらもいるチームは、ずばり最強です。積極的に組みましょう。

相性がいい有名人

満島ひかり（かば）と満島真之介（ねこ）姉弟は同じ職業でアドバイスし合ってる!?

STAFF CREDIT

装丁／横山 希
校正／谷田和夫
構成／西野知里
協力／ TWIN PLANET

たべっ子どうぶつ占いBOOK《たべっこどうぶつ うらないブック》

2023年5月1日　第1刷発行

著　者　ギンビス

監　修　青《あお》木《き》良文《よしふみ》

発行者　島野浩二

発行所　株式会社 双葉社
〒162-8540 東京都新宿区東五軒町3番28号
☎ 03-5261-4818（営業） 03-5261-4835（編集）
http://www.futabasha.co.jp/（双葉社の書籍・コミック・ムックが買えます）

印刷所　大日本印刷株式会社

ISBN978-4-575-31798-5 C0076